Praise for *Shade*

Larry Kilham writes a captivating memoir from his experience as a business analyst working in Nicaragua in 1965, a time of twilight for the country under Somoza dictatorships. The vivid account of government and private steel interests present a snippet in a time of transition in Central America.

Larry Kilham escribe un fascinante libro de memorias de su experiencia como analista de negocios mientras trabajaba en Nicaragua en 1965, una época de oscuridad para el país bajo las dictaduras de la familia Somoza. El relato palpable de gobierno e intereses privados del acero presenta un fragmento en un momento de transición en América Central.

Victoria Wagner Ross, *San Diego Examiner*

I just finished your book. I could not put it down! What a great story! This would be a fantastic movie. Unfortunately, Bogart is not around to play you. He would have been perfect! Great job, I loved it!

Acabo de terminar tu libro. ¡No podía dejar de leerlo! ¡Que gran recuento! Sería una película fantástica. Desafortunadamente, Bogart no está presente para desempeñar tu papel. ¡Habría sido perfecto! Gran trabajo. ¡Me encantó!

Cynde Van Patten Christie, Editor and writer, Santa Fe, New Mexico

Shades of Truth is a very well written book grounded in the realities of Latin America. It describes how a young business analyst deals with a very complex and difficult situation in Nicaragua while simultaneously navigating many intriguing cross currents. I highly recommend *Shades of Truth*. It's simply a good read!

Los matices de la verdad es un libro muy bien escrito basado en las realidades de América Latina. Describe cómo un joven analista de negocios trata una situación muy compleja y difícil en Nicaragua mientras que a la vez navega intrigantes corrientes que se cruzan. Les recomiendo *Los matices de la verdad*. ¡Es simplemente una buena lectura!

Dr. Brad Zehner, Associate Professor
of Management and Global Innovation, St. Edward's
University, Austin, Texas

Also by Larry Kilham

Nonfiction
Great Idea to a Great Company: Making Inventions Pay
MegaMinds: Creativity and Invention
Winter of the Genomes
The Digital Rabbit Hole

Fiction, based on AI
Love Byte
A Viral Affair: Surviving the Pandemic
Saving Juno
The Juno Trilogy

SHADES OF TRUTH

LOS MATICES DE LA VERDAD

LARRY KILHAM

Translated by Teresa Bevin

Futurebooks.info

Shades of Truth / Los matices de verdad

A dual-language book

Copyright © 2016 Larry Kilham

Ebook editions in English and Spanish available from Amazon.com.

Published by
FutureBooks.info v1.1
Cover: The author is in the center of the photo. *La Prensa,* Nicaragua, 1965.

Available for purchase from:
CreateSpace.com
Amazon.com
And other retailers

ISBN-10: 1535241284
ISBN-13: 9781535241281
Library of Congress Control Number: 2016911520
CreateSpace Independent Publishing Platform
North Charleston, South Carolina

Contenido

Prefacio

1– Llegada al paraíso.................................. 1

2 – Comenzando mi trabajo.................... 15

3 – Mi visita a la granja avícola....................... 31

4 – Encontrando mi camino........................... 47

5 – Traslado a Casa Vargas........................... 67

6 – Fin de semana en el cafetal de la montaña 83

7 – Arnoldo Ramírez-Eva............................. 99

8 – Análisis de Metasa................................ 121

9 – Revelaciones inesperadas 139

10 – Playa La Boquita................................. 155

11 – Huelgas y demostraciones....................... 171

12 – El momento de la verdad........................ 187

13 – La garra de acero 207

14 – El terremoto..................................... 221

Epílogo... 235

Cronología... 249

Reconocimientos....................................... 253

Sobre el autor. 255

Visite el sitio web del libro para fotos y notas:

http://futurebooks.info/shades-of-truth.html

CONTENTS

Preface

1- Arrival in Paradise 2

2 - Starting My Job............................ 16

3 - My Visit to a Chicken Farm...................... 32

4 - Finding my Way........................... 48

5 - The Move to Casa Vargas 68

6 - A Weekend at a Mountain Coffee Plantation.. 84

7 - Arnoldo Ramírez-Eva......................... 100

8 - Analysis of Metasa............................ 122

9 - Unexpected Revelations.......................... 140

10 - La Boquita Beach 156

11 - Strikes and Demonstrations...................... 172

12 - The Moment of Truth............................ 188

13 - The Grip of Steel 208

14 - The Earthquake........................... 222

Epilogue.............................. 236

Timelines............................... 250

Acknowledgements........................ 254

About the Author 256

Visit the book's website for photos and notes:

http://futurebooks.info/shades-of-truth.html

Prefacio

Los matices de la verdad es una memoria escrita en forma de literatura creativa, no novelesca. De este modo, he podido llenar los espacios de información perdida y añadir diálogo. Algunos personajes de menor importancia son ficticios y los nombres de otros han sido cambiados. La historia toma lugar durante mis viajes a Nicaragua en el verano de 1965 y la primavera de 1976, e incluye eventos importantes sucedidos cuando yo no estaba allí. Durante el transcurso de la historia, es menos acerca de mí y más acerca del fascinante e importante personaje Arnoldo Ramírez-Eva, un pionero industrialista y figura pública nicaragüense. He optado por usar un guión entre sus dos apellidos, lo cual él no hacía, para conveniencia de lectores de habla inglesa.

Cuando llegué a Nicaragua en los años 60, había fuerzas conflictivas en el desarrollo industrial. Tuve ocasión de analizar compañías emergentes para un cliente nicaragüense. Entonces el futuro económico se presentaba brillante, entre otras razones porque una gran parte del equipo de manufactura había sido recientemente desarrollado en países industrializados e instalados en países en desarrollo, incluyendo Nicaragua.

Preface

Shades of Truth is a memoir written in the form of creative nonfiction. By doing this, I was able to fill in gaps of lost information and add dialogue. A few minor characters are fictional and the names of others were changed. The story takes place during my travels to Nicaragua in the summer of 1965 and the spring of 1976, and includes important events that took place when I was not there. As the story progresses, it is less about me and more about a fascinating and important character: Arnoldo Ramírez-Eva, a pioneering Nicaraguan industrialist and public figure. I have hyphenated his last two names, which he did not, for the convenience of English language readers.

When I arrived in Nicaragua in the 1960s, there were conflicting forces influencing industrial development. I analyzed emerging companies for a Nicaraguan client. The economic future looked very bright. One reason among others was that a great deal of manufacturing equipment had been recently developed in industrialized countries and installed in developing ones, including Nicaragua. This allowed industrial and agricultural enterprises to be more productive.

Esto permitió que empresas industriales y agropecuarias fueran más productivas.

Las amenazas que se presentaban hacia los optimistas vaticinios eran las continuas y crecientes tensiones políticas en el país. Comenzaron en los años 20, culminando con la toma del gobierno nacional por el Frente Nacional de Liberación Sandinista en 1979. Dos generaciones de dictadores llamados Somoza se habían ido para siempre, pero también se habían ido muchos líderes industriales que huyeron del país para proteger a sus familias, sus vidas, y sus bienes. Los Estados Unidos, que había sido compañero de Nicaragua en su desarrollo nacional, vio cómo su influencia disminuía a medida que enfrentaba ataques propagandistas por parte de la Cuba de Castro y sus estados afiliados.

La normalidad y la democracia han regresado a Nicaragua, y las relaciones entre Estados Unidos y Latinoamérica han mejorado. Pero hablaré más sobre éste tema en el epílogo.

The threats to the optimistic forecasts were the continuous and rising political tensions burdening the country. These started in the 1920s, culminating with the Sandinista National Liberation Front taking over the national government in 1979. Two generations of Somoza dictators were gone forever, but also many industrial leaders fled the country to protect their families, lives, and assets. The United States, which had been the national development partner of Nicaragua, found its influence slipping as it battled propaganda attacks by Castro's Cuba and its client states.

Normalcy and democracy have returned to Nicaragua, and America's relationships with Latin America have improved. I will discuss these developments further in the Epilogue.

1
LLEGADA AL PARAÍSO

—Pudieras tener un desafortunado accidente—amenazó por lo bajo, su mirada penetrando la mía. A medida que pasan los años recuerdo este momento tan significativo y paseo cada uno de sus aspectos por mi mente. Había llegado el momento de partir.

Yo era un gringo ingenuo de piernas largas, quien por razones no esclarecidas había decidido ir a Nicaragua, Centroamérica, en 1965 en pos de alguna aventura antes de sentar cabeza. Iba como colaborador de una firma de inversionistas en Managua, la capital. El país estaba regido por el dictador Luis Somoza, cuyo camino habría de cruzarse con el mío. Era una época en que diversos grupos de gente, entre los cuales me encontraba yo, buscábamos un destino y descubrimos que tanto el destino como la verdad eran elusivos.

Abordé el vuelo 515 de Pan Am en Guatemala, rumbo a Managua, Nicaragua, a la 1:00 p.m. El avión era un DC 6 con cuatro motores de pistones, lo cual me hizo pensar que

1
Arrival in Paradise

"You could have an unfortunate accident," he quietly threatened, his eyes piercing mine. Over the years, I think back on this pivotal moment and play the scenarios through my mind. It was time to go.

I was a long-legged, naïve Gringo who for some unclear reason decided to go to Nicaragua, Central America, in 1965 to see what adventure would befall me before I settled down. I would assist at an investment firm in the capital, Managua. The country was run by the dictator Luis Somoza, and our paths would cross. It was a time when a diverse group of people including myself searched for destiny and found that destiny and truth were elusive.

I boarded Pan Am flight 515 in Guatemala, bound for Managua, Nicaragua at 1:00 p.m. The plane was a DC-6 with four piston engines, which I felt was a demotion after the sleek Boeing 707 jet I flew in from Mexico City.

One engine was running slowly to provide power. Then the crew started engine number two which

era una degradación después del pulcro Boeing 707 jet en que había volado desde la Ciudad de México. Uno de los motores laboraba con lentitud para acumular fuerza. Entonces la tripulación echó a andar el segundo motor, el cual respondió con un "pop" seguido de una nube de humo, casi asfixiando a un tripulante en tierra que sostenía un extinguidor de fuegos. La tripulación echó a andar los otros dos motores y rodamos hasta la pista para el calentamiento final. Durante lo que pareció una eternidad, la tripulación aceleraba y desaceleraba los motores. Los aceleraban hasta el tope con los frenos en firme, y todo dentro del avión trepidaba. Finalmente avanzamos hasta estar en posición directa en la pista. Los motores rugieron a todo dar y aceleramos a más y más velocidad hasta despegar, casi rozando los techados de las chozas vecinas.

La primera escala fue en San Salvador, El Salvador. La terminal del aeropuerto era moderna pero no parecía haber nadie en ella salvo unos guardias en vistosos uniformes y algunos perros durmiendo al sol. Entonces me incorporé sin creer lo que veía. Al otro lado de la pista había tres aviones de la Fuerza Naval de los Estados Unidos, con las alas plegadas hacia arriba. Para completar la imagen recordativo de la Segunda Guerra Mundial, varios Mustangs P-51 estaban estacionados, listos para cualquier reto.

Solamente un pasajero abordó durante la escala. Era un hombre de mediana edad que vestía un traje mediocre y arrugado. Me preguntó si se podía sentar a mi lado. Notó el paquete gratuito de cigarrillos Winston en el asiento y quiso saber si me importaba que se los quedara. –Seguro,

responded with a loud *pop* followed by a cloud of smoke, almost smothering a ground crewman holding a fire extinguisher. The crew started the other two engines and we taxied out to the runway to warm up. For what seemed like an eternity, the crew powered the engines up and down. They ran them up to near full speed with the brakes set, and everything in the plane vibrated. Finally, we slowly rolled forward and turned onto the runway. The engines roared at full throttle, and we accelerated down the runway, faster and faster, finally taking-off but barely clearing the featureless shanties below.

The first stop was San Salvador, El Salvador. The airport terminal building was modern but there didn't seem to be anyone around except some guards in snappy uniforms and a few dogs sleeping in the sun. Then I sat up in disbelief. Across the runway I spotted three surplus U.S. Navy carrier planes with their wings folded straight up. To add to the World War II look, a few P-51 Mustangs were parked ready for any challenge.

Only one passenger boarded the flight. He was a middle-aged man in a nondescript rumpled suit who asked if he could sit next to me. He spotted the free five-pack of Winston cigarettes on the seat and asked if I minded him taking them. "Sure, go ahead," I said in an accommodating gesture. Thinking we were off to a good start as traveling companions, I said, "I'm Larry, going to Nicaragua. Where are you headed?"

He stared out the window for a few seconds as the engines coughed into life, and said, "I'm Bill. I'm a coffee trader also headed for Nicaragua." Then he paused and said,

tómelos—dije con un gesto expansivo. Pensando que el intercambio era un buen comienzo para una agradable compañía, le dije, —Me llamo Larry, y voy camino a Nicaragua. ¿Qué rumbo lleva usted?

Miró por la ventana por un instante mientras los motores tosían dando señales de vida.—Mi nombre es Bill. Soy comerciante de café, también rumbo a Nicaragua—hizo una pausa—.Tengo que dormir un rato —. Y yo hubiera querido recuperar los cigarrillos.

Sentí un vuelco del corazón. No era miedo de estar en el aire, sino la inquietante noción de ser llevado del mundo familiar hacia una tierra desconocida que prometía aventuras e incógnitas morales. Aterrizamos en Managua dos horas más tarde. El edificio de la terminal era más grande que el de San Salvador y tenía toques de art déco. Mientras esperaba por mi equipaje observé como el avión que me había traído rodaba hacia la pista y despegaba. *Ya no hay escapatoria,* pensé. Entonces sentí un toque en el hombro. —¿Señor Kiljam?—Todavía no había pasado por aduana siquiera. *¡Todo va a ser muy diferente aquí!*

Hice un intento en español —Sí. ¿Como se llama?

—Tomás. Sígame por favor *

No dijo más. Deduje por su chaqueta negra, simple corbata negra y camisa blanca, que se trataba del chofer. Nos detuvimos para recibir un cuño en mi pasaporte. Entonces el chofer me guió a traves del gentío a un sedán

---

* Por lo general yo trataba de hablar con los nicaragüenses en español, aunque ellos a menudo preferían practicar su inglés conmigo. El dominio del inglés era algo que valoraban mucho, y les gustaba ser vistos hablando con los extranjeros en un inglés fluido.

"I'm going to catch some sleep now." I wanted those cigarettes back.

My heart sank. It wasn't fear of flying; it was the unsettling experience of being carried out of the known world into a land of adventure and unknowns. We landed in Managua two hours later. The terminal building was larger than the one in San Salvador and had some art deco charm. As I stood in the terminal waiting for my bags, I watched my plane taxi out and take off. *There's no way out now,* I thought. Then there was a tap on my shoulder. "Señor Keelham?" I hadn't even cleared customs yet. *Things are going to be different here!*

I tried my Spanish. "Sí. ¿Como se llama?" (Yes. What's your name?)

"Tomás. Sigueme por favor." (Tomás. Follow me, please.)†

He said no more. I could deduce from his black jacket, simple black tie, and white shirt that he was a chauffeur. We only stopped to have my passport stamped. Then the driver led me through a throng of milling people to a black four-door sedan. It was nicely polished, with the trunk open, and parked in front of the terminal entrance door. The driver nudged me into the back seat. After a few kilometers, at the outskirts of the city, we turned off the highway and drove to a guarded gate.

---

† Generally, I tried to talk with Nicaraguans in Spanish, although they often preferred to practice their English with me. English for them was a very valuable skill, and they liked to be seen talking to a foreigner in fluent English.

negro de cuatro puertas. Era un auto bien pulido, con el baúl abierto, y estaba estacionado frente a la entrada de la terminal. El chofer me dio un empujoncito hacia el asiento trasero. Al cabo de unos kilómetros en las afueras de la ciudad, dejamos la carretera y fuimos hacia una entrada con guardias. El chófer hizo un gesto con la mano y entramos. Un letrero en un campo de golf anunciaba en inglés "The Country Club." Y allí estaba. Una estructura de dos pisos, parecida a un barco fluvial, en una pequeña elevación. Había una fiesta en la cubierta alta. El sonido de carcajadas y el tintineo de platos flotaba hacia el campo de golf. El chófer me dejó a la entrada y continuó con mi equipaje. Me sentí algo irritado porque deseaba ir al hotel, refrescarme, y al menos tomar una siesta y algo de comer antes de disfrutar de la velada. Me eché agua en la cara en el baño del club, y al salir me esperaba un hombre sonriente de mediana edad en un traje de hilo blanco, y con la mano extendida.

—Bienvenido a Nicaragua. ¿Tuviste un vuelo agradable? Soy Jorge Montealegre. Deja que te presente a todos arriba—. Jorge era el gerente general de la Corporación Nicaragüense de Inversiones, mejor conocida como CNI, y debía reportarme con él durante ese mes.

—Espero que no te haya importado parar aquí primero. Todos vienen por el buffet y la música los domingos por la tarde. Es una buena oportunidad para conocer gente .

Muchos hombres en camisas hawaianas y bermudas con muchas copas de más, se daban palmadas en la espalda unos a otros. Muchas de las mujeres llevaban

The driver waved, and we drove in. A sign on a putting green announced simply, in English, "The Country Club." There it was—a two-story flat riverboat-like structure on a slight rise. A party was in full swing on the upper deck. Sounds of raucous laughter and clattering dishes floated out over the greens. The driver left me at the front entrance and drove away with my bags. I was a little irritated because I wanted to check into my hotel, clean up, and at least, have a nap and snack before enjoying the evening. I rinsed my face in the club's washroom, and when I came out, a smiling middle age man in a white linen suit stuck out his hand.

"Welcome to Nicaragua. Did you have a pleasant flight? I'm Jorge Montealegre. Come, let me introduce you to everyone upstairs." Jorge was the general manager of the Corporación Nicaragüense de Inversiones (Nicaraguan Investment Corporation, known to everyone as CNI) to whom I would report during the coming months.

"I hope you don't mind stopping here first. Everyone enjoys a buffet and music on Sunday afternoons, and it will be a good opportunity for you to meet people."

A lot of the men were in Hawaiian shirts and Bermuda shorts and were drunk, backslapping each other. Many of the women wore slacks and some were in their tennis or golf outfits. I didn't see any Americans. Fortunately, I wouldn't go hungry or thirsty. Everyone prodded me, the clueless stranger, to try their favorite dishes. I didn't know where to start in the buffet. There were stuffed shrimp, quail eggs, grilled fish covered with fruits, and much more. Everyone offered me mixed drinks. I gathered that cold beer was déclassé.

slacks y algunas vestían sus trajes de tennis o de golf. No vi a ningún americano. Afortunadamente no iba a pasar hambre ni sed. Todos me animaban, como extranjero sin idea de como conducirme, a probar sus platos favoritos. No sabía por donde empezar en el buffet. Había camarones rellenos, huevos de codorniz, pescado asado cubierto de frutas, y mucho más. Me ofrecían bebidas mezcladas. Supuse que la cerveza fría denotaba una clase inferior.

Nadie sabía o recordaba quien yo era. Jorge, entretanto, se había olvidado de mi y conversaba animadamente con grupos cambiantes. A la merced de mis pensamientos, noté que llamaban a los camareros con un *pst-pst*. Este sonido se consigue poniendo la punta de la lengua detrás de los dientes delanteros y forzando aire en cortos soplos. Entre los *psts,* parecían llamar a nadie en particular. — ¡Mozo! ¡Aquí! — *Mozo,* es un término que apenas se usa en América Latina e implica un camarero de poca monta. Es como decir — ¡Eh, muchacho! ¡Aquí! —. No pude evitar pensar: *¿Y son éstos los líderes que han de impulsar el país hacia el progreso?*

Jorge regresó por fin y me preguntó cómo me iba. – Estoy cansado, Jorge. ¿Podemos irnos ya?—Él se estaba divirtiendo y obviamente quería quedarse, pero observó que el sol se había puesto y los mosquitos empezaban a hacerse sentir. Llamó para que trajeran el auto y dijo que me llevaría al hotel él mismo. Podíamos hacer planes para los próximos días en el bar del hotel.

Llegamos al hotel a la hora de la cena cuando el área del lobby estaba tranquila. Era de una amplitud modesta,

No one knew or could remember who I was. Jorge, meanwhile, had forgotten about me and was chatting amiably with the shifting crowd. Left to my own thoughts, I noticed that everyone was *tst-tst-ing* at the waiters. One can produce this sound by putting the tip of one's tongue behind one's top front teeth and forcing air through there in short blasts. Between the *tsts*, they would call to apparently no one in particular, "¡Mozo! ¡Aquí!" *Mozo*, hardly used in Latin America, implies a low caste waiter, like saying, "Hey boy! Here!" I couldn't help but think: *Are these the leaders who will move the country forward?*

Jorge finally came back and asked how I was doing. "I'm tired, Jorge. Can we leave now?" He was having a good time and obviously wanted to stay, but he observed that the sun had gone down and the mosquitos would be coming out. He called for the car and said he would drive me to the hotel himself. We could discuss plans for the coming days at the hotel bar.

We arrived at the hotel during dinnertime when the lobby area was quiet. The lobby was modest in size, done in 1920s art deco, with lots of wicker chairs, potted palms, and deco ornamental ironwork. I expected to see Greta Garbo and John Barrymore glide through at any moment. Could this be like their movie, The Grand Hotel, where: "Always the same. People come. People go…nothing ever happens?"

I had my luggage sent to the room, and we picked a quiet table in the lobby bar. Jorge had some local mixed drink, and I had an ice cold Victoria beer which I had been

decorado al estilo de art déco, con numerosas sillas de mimbre, palmas en macetas y trabajos ornamentales en metal. Casi esperaba ver a Greta Garbo y a John Barrymore pasar en cualquier momento. ¿Tal vez iba a ser algo como en la película "Grand Hotel" donde *Siempre es lo mismo. La gente viene y la gente va. Nunca sucede nada?*

Pedí que llevaran mis valijas a mi habitación, y tomamos una mesa apartada y tranquila en el bar del lobby. Jorge pidió una bebida local mezclada y yo pedí una cerveza Victoria helada, por la cual había estado esperando todo el día. Por fin me relajé, me sentí refrescado, y todo marchaba bien en el mundo.

Jorge estaba impaciente por irse a su casa, pero dijo – Larry, me alegro mucho de que tengamos la oportunidad de hablar un poco. Nos conoceremos mejor esta semana. Este es el mapa para llegar a nuestras oficinas.

Sacó un sobre del bolsillo y trazó en él las pocas cuadras entre el hotel y su edificio de oficinas, al cual describió como "un nido barroco de banqueros." Estaba cerca del Parque Central y la Plaza de la República. – Encontrémonos en mi oficina a las 2:00 y hablaremos de los proyectos. No te pongas chaqueta ni corbata. Somos casuales aquí.

En ese momento noté a mi compañero de vuelo, Bill, inclinado sobre el escritorio de recepción, cerca de una palma. Fumaba en pipa y parecía relajado. Cuando Jorge se levantó para irse, notó a Bill, y me dijo –Todo tipo de gente viene aquí. Anda con cuidado. Bienvenido de nuevo a Nicaragua.

Fui por mi llave, y el empleado dijo —¡Espere, señor! Hay un mensaje para usted. — El mensaje decía: "Larry, te

waiting for all day. At last I felt relaxed, refreshed, and all was well with the world.

Jorge was anxious to go home, but he said, "Larry, I'm so glad that we have the opportunity to talk a little bit. We'll get to know each other this week. Here's a map to our office."

He took an envelope out of his pocket and sketched on it the few blocks from the hotel to his office in a building he described as a "baroque nest of bankers." It was near Central Park and the Plaza de la Republica, "Let's meet in my office at 2:00 and we will discuss projects. Don't wear a coat or tie. We're casual here."

Then I noticed my flight acquaintance, Bill, leaning against the elevated reception desk next to a potted palm. He was smoking a pipe and just relaxing. As Jorge got up to go, he saw Bill, and he said to me, "All kinds come here. Be a little careful. And welcome again to Nicaragua."

I went to the reception desk for my key, and the clerk called out, "Wait, sir! There's a message for you." It read, "Larry — meet you here tomorrow night at 6:00. Bringing a young woman you should meet. Dress casual. Best, Bruce."

We knew each other from a course in international business we took together at the Harvard Business School. He, R. Bruce Cuthbertson, accepted an offer to work as an executive at Sovipe, the leading Nicaraguan engineering and construction firm. Its managing director, Enrique Pereira, was characterized by *Time* magazine as emerging to "take the country out of the feudal ages for everybody's benefit." I was finishing up my master's degree requirements at MIT's Sloan School of Management, and I

veo aquí mañana a las 6:00. Traigo a una joven a quien debes conocer. Viste casual. Bruce."

Nos conocíamos de un curso de negocios internacionales que tomamos juntos en la Escuela de Administración de Empresas de Harvard. Él, R. Bruce Cuthbertson, aceptó una oferta para trabajar como ejecutivo en Sovipe, una firma tope de ingeniería y construcción en Nicaragua. Su director administrativo, Enrique Pereira, había sido caracterizado por la revista *Time* como alguien que despuntaba para "sacar al país del feudalismo para el beneficio de todos." Yo estaba finalizando los requisitos para mi maestría en la escuela MIT de Administración cuando recibí una carta de Jorge Montealegre indagando si consideraría una posición con CNI. Esto había sido organizado por Bruce. Acepté la oferta y partí hacia Nicaragua seis meses después de la llegada de Bruce.

received a letter from Jorge Montealegre asking if I would consider working for CNI. This had been arranged by Bruce. I agreed to the offer and headed for Nicaragua about six months after Bruce arrived there.

2
COMENZANDO MI TRABAJO

A la mañana siguiente desperté en un nuevo lugar que no había podido apreciar la noche anterior. Era una habitación de hotel simple y cómoda, con un baño básico, un ventilador de techo, aire acondicionado, una foto desteñida de una escena campestre nicaragüense, y una bandeja de desayuno sobre una pequeña mesa de mimbre cerca de la ventana. En aquellos tiempos era común que un servicio de desayuno básico estuviera incluido en una habitación de tarifa estándar. El mío contaba con piña fresca, lascas de sandía, panecillos calientes, y café con leche. Éste se vertía desde jarras de porcelana, distribuyendo el café caliente y la leche simultáneamente dentro de la taza. Era un modo ideal de comenzar el día.

La televisión aún no estaba ampliamente disponible, pero se podían seguir las noticias en el periódico matutino *La Prensa* que venía doblado entre los utensilios en la bandeja.

La conexión telefónica era algo complicada. Para establecer una llamada de larga distancia a los Estados Unidos era necesario darle el número a la operadora y ella

2
STARTING MY JOB

When I awoke the next morning, I found myself in a new place that I had been too tired to appreciate until then. It was a simple but comfortable hotel room with a basic bathroom, a ceiling fan and air conditioning, a faded picture on the wall of Nicaraguan country life, and a breakfast tray on a small white wicker table near the window. In those days, breakfast room service was commonly included in the standard room rate. Mine included sliced fresh pineapple, watermelon wedges, warm rolls, and *café con leche*. This was poured from white china pots: hot coffee and almost hot milk simultaneously blended into a cup and savored as a great start to the day.

Television was not widely available yet, but I scanned the news in the morning from the *La Prensa* newspaper tucked among the pots on the tray.

Telephone connections were another matter. Calling the States was a major undertaking. You gave the operator the number and eventually she would call you back with an estimated connection time. This was often hours later or even the next day because they had to await favorable

eventualmente llamaba con una hora aproximada para conectar la llamada. Esto podía suceder horas más tarde o al día siguiente ya que había que esperar a que hubiera condiciones favorables para la trasmisión. Cuando finalmente llegaba el momento de conversar, el circuito debía ser revertido manualmente cuando quien hablaba decía "cambio."

Era algo así:

— ¿Cómo van las cosas en Chicago? Cambio.

— Bien. ¿Cómo está el tiempo por allá? Cambio.

— Magnífico. ¿Y por allá? Cambio.

Las operadora de All America Cables and Radio anunciaba que la conexión estaba a punto de terminar y permitían algo de tiempo para finalizar la conversación. Cuando el mensaje era urgente, la misma compañía lo enviaba por cablegrama dentro de la hora.

Cuando miré por la ventana, olvidé mi intención de llamar a casa y me apuré a prepararme para ir a la piscina. Al parecer todos estaban ya disfrutando un agradable comienzo del día.

Después de haber estado una hora explorando los contornos y los servicios disponibles en el lobby, como agencias de viaje y aerolíneas, me encaminé hacia la piscina. Estaba a la intemperie, y rodeada por áreas del hotel que se extendían por el bar y el restaurante. Grandes ventiladores giraban lentamente arriba y las plantas y hiedras crecían sin control por todas partes. Un par de loros chillaban, y un mono fraternizaba con los huéspedes en un área de sombra. Los visitantes de la gruta eran variados: madres y niños, hombres gordos en trajes blancos fumando habanos y jugando a las cartas, y tipos

radio transmission conditions and an available circuit. When you did finally converse, the transmission circuit would be manually reversed when the speaking party said, "over."

It would go like this: "How's everything in Chicago? Over."

"It's fine. How is the weather there? Over."

"It's great here. How's yours? Over."

The All America Cables and Radio operator would announce your time was about up, and she would allow a grace period to finish. If the message was urgent, the same company could send it by cablegram, usually within an hour.

When I looked out of my window, I forgot about calling home and rushed to get ready for the pool which I could see below. It looked like everyone was already enjoying a fun start to the day.

After an hour exploring the neighborhood and the services in the lobby such as travel agencies and airlines, I headed for the pool area. It was open air and surrounded on all sides by the hotel which extended over the bar and restaurant spaces. Big fans turned slowly overhead and plants and vines grew uncontrolled everywhere. A couple of parrots screeched, and a monkey fraternized with the guests in a shady area. The denizens of this grotto seemed to be several kinds: mothers and children, fat men in white suits smoking cigars and playing cards, and adventurous types who were telling each other outrageous stories. I didn't see quite where to fit in, but I enjoyed a club sandwich and beer for lunch. It was time to go to CNI.

aventureros contándose unos a otros sus peripecias. No supuse que pegaría en ningún grupo, pero disfruté de un buen almuerzo de emparedados y cerveza. Ya iba siendo hora de encaminarme a CNI.

Salí del hotel y fui hacia el norte en la Avenida Roosevelt, la calle principal de norte a sur en Managua. Tenía solamente dos carriles, pero los más importantes servicios urbanos se encontraban por toda su extensión. Hacia el sur estaban los edificios bancarios altos y la enorme prisión monolítica del Hormiguero. A pocas cuadras al norte del hotel, cruzando la plaza desde la oficina de Jorge estaba la imponente Catedral de Santiago de Managua. Un tramo más allá estaba la residencia presidencial, una estructura de influencia árabe parecida a una mesquita sin cúpula. Un poco más lejos estaba el Lago Managua. No era posible ver la orilla opuesta en este lago que antes fuera una bahía de mar. A la izquierda, una cordillera se perdía en el lago hacia la izquierda. ¡Un sitio para entregarse a profundos pensamientos!

Como luego veremos, casi toda el área central de Managua fue destruida durante el épico terremoto de 1972. Nuestra historia toma lugar mayormente durante la era anterior al sismo.

La Corporación Nicaragüense de Inversiones, o CNI, fue formada en 1964 por Jorge Montealegre y otros para proveer a las compañías nicaragüenses de capital de riesgo utilizando inversiones de acciones o de deuda. Procuraba inversiones donde inversionistas privados individuales no participaban y donde tales inversiones eran demasiado riesgosas para préstamos bancarios. A la CNI se le

I stepped out of the hotel and started north on Avenida Roosevelt, the main north-south street in Managua. It was only two lanes wide, but most of the important urban services were spread along it. To the south were the tall bank buildings and the huge, monolithic Hormiguero (Anthill) prison. A few blocks north of my hotel, across a plaza from Jorge's office, was the soaring Santiago de Managua Cathedral. Just beyond was the president's house, an Arabic-influenced structure that looked like a mosque without a dome. Further beyond was Lake Managua. You couldn't see the far shores of this lake, once an ocean bay, and a mountain range disappearing out into the lake off to the left. Here's a setting where I could think great thoughts!

As we will see, almost all of this central Managua area was destroyed by the epic earthquake of 1972. Our story is mostly in the pre-earthquake era.

The Corporación Nicaragüense de Inversiones, or CNI, was formed in 1964 by Jorge Montealegre and others to provide venture capital to Nicaraguan companies using either stock or debt investment. It would seek investments where private individual investors could not participate and where such investments were too risky for bank loans. CNI was encouraged to invest in ventures with high leverage for national development. The capital for CNI was provided in equal parts by Nicaraguan banks, U.S. banks, and Nicaraguan businesses including Sovipe.

I went to the CNI offices suite. Jorge and his secretary shared an office, his two analysts shared another, and in between was a conference room. The ceilings and doors

animaba a invertir en riesgos con alto aprovechamiento para el desarrollo nacional. El capital de la CNI era provisto por partes iguales por bancos nicaragüenses, bancos americanos, y negocios nicaragüenses, incluyendo Sovipe.

Llegué a las oficinas de CNI. Jorge y su secretaria compartían una oficina, sus dos analistas compartían otra, y además contaban con una sala de conferencias. Los techos y las puertas eran altos y los muebles y detalles eran de madera oscura. Jorge me dio la bienvenida y me presentó a su personal.

Nos sentamos en la sala de conferencias, y Jorge dijo, —¡Bienvenido, Larry! Todos están ansiosos de conocerte. Como puedes observar, nuestro espacio es escaso, pero puedes trabajar aquí en la sala de conferencias cuando no hay reuniones. Probablemente preferirías hacer tu trabajo de oficina en tu habitación del hotel. Te podemos proporcionar una máquina de escribir. Vas a estar en el campo la mayor parte del tiempo de todos modos. Mi analista superior, Marco Díaz, trabajará contigo en lo referente a visitas a los clientes.

Jorge venía de una familia de la élite. Se describía a sí mismo como economista y abogado. Siempre sonriendo complaciente, era el sujeto perfecto para el trabajo que desempeñaba, ya que requería establecer contacto entre gente muy diferente, desde el propio dictador hasta un pobre agricultor. Ahora me incorporaba a mí también en esta mezcla.

Jorge se dirigió a su personal: —Larry Kilham, de MIT en los Estados Unidos, estará con nosotros este verano para ayudarnos a analizar posibles inversiones. Ha

were high, and the furniture and trim were dark hardwood. Jorge welcomed me in and introduced me to his staff.

We sat down in the conference room and he said, "Welcome, Larry! Everyone is eager to meet you. As you can see, we are cramped for space, but you can work in the conference room when there are no meetings here. You probably will prefer to do your office work in your hotel room. We can send over a typewriter. You will be in the field most of the time anyway. My senior analyst, Marco Díaz, will work with you when visiting clients."

Jorge was from an elite family. He described himself as an economist and lawyer. He was middle age, always smiling and accommodating, and a good choice for this job which entailed bringing people of all kinds from the dictator to a poor farmer together. He was now stirring me into the mix of his players.

Addressing his staff, Jorge said, "Larry Kilham from MIT in the USA, is here this summer to help us analyze prospective investments. He is receiving a master's in management and will bring the latest analytical tools to our projects. He looks forward to working with all of us."

He continued, "Larry, I have asked Marco to take you to a chicken farm whose owner wants us to invest in them. They say they are automating the operation."

"I thought we are investing in big industrial projects," I ventured.

"We are," he nodded, "but you should bear in mind that while industrial loans are important, the directors have declared the agricultural sector to be the most important contributor to the gross national product." This

obtenido una maestría en administración de empresas y trae los métodos más modernos a nuestros proyectos. Está ansioso de trabajar con todos nosotros.

—Larry, —continuó — le he pedido a Marco que te lleve a una granja de pollos cuyo dueño quiere que hagamos una inversión en su negocio. Nos dicen que están automatizando la operación.

—Creí que invertíamos en proyectos industriales—me atreví a decir.

—Así es—dijo—pero debes tener en cuenta que mientras los préstamos industriales son importantes, los directores han declarado que el sector agricultural es el contribuidor más destacado en el producto nacional bruto.

Esto no era lo que yo esperaba, pero estuve de acuerdo en estar listo para Marco cuando fuera a recogerme al hotel en la mañana.

Jorge salió conmigo y nos sentamos en un banco del Parque Central, un bello oasis de jardines cerca de su edificio. -Larry—empezó,—debes siempre dejarte guiar por mi. Siempre habrá quien te quiera empujar en una dirección o la otra.

—Gracias—dije—Puedes contar conmigo.

—Después de la granja de pollos—siguió—te voy a asignar un análisis de Metasa, un fabricante de acero para la industria de la construcción. Debido a la sensibilidad del proyecto, no debes hablar de ello con nadie, incluso con Marco, o con Bruce por ahora. El proyecto de la granja de pollos es un buen modo de familiarizarte con las cosas aquí, y darte a conocer entre gente clave.

Al parecer me encontraba solidamente en el campo de Jorge, y entonces dijo: —Ah, y espero que no te importe,

wasn't quite what I anticipated, but I agreed to be ready for Marco when he would pick me up at my hotel in the morning.

Jorge walked with me out to the street and we sat on a bench in Parque Central, a beautifully gardened oasis near his office building. He said, "Larry, be sure to take your guidance from me. There will be people emerging who will want to push you this way and that."

"Thank you," I said. "You can count on me."

He went on, "After the chicken farm, I will assign you to an analysis of Metasa, a big steel fabricator for the construction industry. Due to the sensitivity of the project, do not tell anyone, including Marco or Bruce, about this for now. The chicken farm project will be a good way to become acquainted with things here and to become known among key people."

I seemed to be solidly in Jorge's camp, so he said, "Oh, and I hope it is all right with you, but you should move this weekend to the Casa Vargas, a *pensión* (B&B) a few blocks further down the street from your hotel. The Gran Hotel will be too expensive for your whole stay." I didn't know if I had fallen in his estimation, or if it was just a budget matter, but I resolved to see this change in the best light.

"What are you going to do this evening?" Jorge asked.

"Bruce is coming over to my hotel with his girlfriend and a girl he wants me to meet. We will probably go out for dinner," I said.

"You're off to a good start socially," Jorge commented. "Bruce knows a lot of people and places in this town. Have

pero debes mudarte este fin de semana a la Casa Vargas, una pensión a pocas cuadras calle abajo desde el hotel. El Gran Hotel va a resultar muy caro para toda tu estadía.

No supe si yo había disminuido en su estimación o si se trataba de un asunto de presupuesto, pero resolví ver este cambio con buenos ojos.

—¿Qué planes tienes esta noche?—preguntó Jorge.

—Bruce viene a verme al hotel con su novia y una joven a quien quiere que conozca. Supongo que saldremos a cenar—dije.

—Empiezas bien tu vida social—Jorge comentó—Bruce conoce mucha gente y lugares en esta ciudad. Que tengas una buena noche y un buen día con los pollos mañana.

Regresé al hotel, explorando algunas calles transversales por el camino. Estaban flanqueadas por edificios de negocios de un piso, con letreros iluminados colgando sobre la calle, y los alambres utilitarios cruzando la calle de un lado a otro. Me recordó a las callejuelas de mi nativa ciudad de Santa Fe, Nuevo México. La gente parecía estar a gusto, y todos me habían asegurado que Managua era una ciudad tranquila y segura.

Después de una corta siesta, sonó el teléfono. Bruce y las muchachas estaban en el lobby. Quería que saliera pronto porque estaba estacionado frente al hotel. Nos presentamos de prisa y nos acomodamos en un Toyota Land Cruiser gris. Era un vehículo de la compañía Sovipe, y Bruce explicó que era más amplio que su Karmann Ghia. Hubiéramos podido ir de safari en él.

Bruce nos llevó a un "club" aparentemente sin nombre en las afueras de la ciudad. Los aleros estaban acentuados

a nice evening and a good day with the chickens tomorrow."

I walked back to the hotel, exploring a few side streets on the way. They were lined with one-story adobe businesses that had illuminated signs hanging out over the street, and utility wires crisscrossing overhead everywhere. It reminded me of the back streets of my native Santa Fe, New Mexico. People seemed at ease, and everyone assured me that Managua was a very safe city.

After I had a quick nap, the phone rang. Bruce and our dates were in the lobby. He wanted us to leave soon because he was temporarily parked in front of the hotel. There were quick introductions and we stuffed ourselves into a gray Toyota Land Cruiser. It was a Sovipe company vehicle which Bruce explained was roomier than his Karmann Ghia. We could have gone on safari in it.

Bruce took us to an apparently nameless "club" on the outskirts of the city. The eaves were bordered with colored lights, and it was open on two sides. Caribbean music came from a jukebox. Everyone was drinking beer and picking at unidentifiable food. These clubs seemed to be everywhere. "Welcome to the real Nicaragua," Bruce said. The young ladies smiled as if nudging me into agreement.

Bruce introduced his friend Amelia. She was a honey blond expatriate American who worked for a travel agency in town. She had a pleasant smile but was not too talkative. Amelia introduced me to Ana. She was a client of the travel agency where Amelia worked. Her family had farmed coffee in the northern mountain town of Matagalpa. She was slender, had straight dark hair and nice features, and was somewhat enigmatic.

por luces de colores y estaba abierto por dos lados. El tragamonedas tocaba música caribeña. Todos bebían cerveza y picaban de platos con comida que para mi era imposible de identificar. Estos clubs parecían estar en todas partes.

—Bienvenido a la Nicaragua real—dijo Bruce, y las señoritas sonrieron y me empujaron hasta asentir.

Bruce me presentó a su amiga Amelia. Era una expatriada americana de cabello color de miel que trabajaba para una agencia de viajes en la ciudad. Tenía una sonrisa agradable, pero no era muy habladora. Amelia me presentó a Ana, quien era una clienta de la agencia de viajes donde trabajaba Amelia. Su familia había cultivado café en las montañas norteñas de Matagalpa. Era delgada, de cabello liso y oscuro, algo enigmática, con facciones bonitas.

Bebimos ponche de fruta con ron y la conversación empezó a fluir. Bruce y Amelia mayormente se prestaban atención uno a otro, y casi antes de saberlo, Ana me había tomado la mano con suavidad. Me contó que vivía en el sur de la Florida con su padre alemán. Se habían mudado después de la muerte de su madre nicaragüense y la consiguiente venta de todas las propiedades de la familia. Todos los veranos visitaba a amigos de su familia en Matagalpa por un mes, pero se quedaba principalmente en Managua. En Matagalpa y en Managua hacía más fresco que al sur de la Florida durante el verano. Asumí que se quedaba con Amelia en Managua, pero no me lo dijo.

Ana no parecía estar interesada en mi pasado en los Estados Unidos, pero estaba interesada en mis planes con CNI. Cuando mencioné con timidez que me mudaba a la

We all had a tropical rum and fruit juice drink, and the conversation soon flowed. Bruce and Amelia were mainly paying attention to each other, but almost before I knew it, Ana was lightly holding my hand. She said she lived in Florida with her German father where he moved after her Nicaraguan mother died, and he sold the family holdings. For a month each summer, she would visit friends of her family in Matagalpa, but she mostly stayed in Managua. Matagalpa and Managua were actually cooler than southern Florida in the summer. I assumed she stayed with Amelia when in Managua, but she wouldn't say.

Ana didn't seem interested in my background in the U.S. but was quite interested in my plans with CNI. When I mentioned sheepishly that I was moving to the Casa Vargas in a few days, she said approvingly, "You—and she seemed to have started with 'we'—don't belong with the Gran Hotel crowd. The Casa Vargas is better in the long run."

While I was mulling over this remark, she added, "Let me take you out the day after tomorrow. I'll show you around. I don't have a car, but cabs are cheap, and a lot of places are within walking distance of your hotel."

As we left the club, Bruce took me aside and said, "It looks like you two are off to a good start. If all continues to go well, I will confirm our acceptance of an invitation I have received for the coming weekend at a small mountain hotel in Matagalpa. It's short notice, but it is Señora Salazar's birthday. There will be a big party. We're invited because Ana's parents were neighbors and friends of the Salazars for years. This is the end of an era and you shouldn't miss it."

Casa Vargas en unos dias, aprobó. —Tú —y parecía haber empezado a decir "nosotros" —no pegas con la gente del Gran Hotel. La Casa Vargas es mejor .

Mientras yo reflexionaba sobre su comentario, añadió: —Salgamos pasado mañana. Te muestro los contornos. No tengo auto pero los taxis son baratos y hay muchos lugares interesantes a poca distancia de tu hotel.

Al dejar el club, Bruce me apartó y me dijo: —Al parecer las cosas van bien con ustedes. Si todo sigue así voy a confirmar y aceptar una invitación que recibí para ir este fin de semana a un pequeño hotel de montaña en Matagalpa. La noticia viene con corto plazo, pero es el cumpleaños de la Señora Salazar. Se celebrará una gran fiesta. Estamos invitados porque la familia de Ana y los Salazar eran amigos de años. Es el fin de una era y no te lo debes perder.

3
MI VISITA A LA GRANJA AVÍCOLA

De primeras no podía creer lo que había venido a recogerme en medio de la agitación mañanera de la Avenida Roosevelt. Un Jeep descubierto apareció en medio del revoltijo, paró frente a mi, y vi a Marco al volante gestionando hacia mi para que subiera a bordo. – Acomódate—dijo—Vamos a ver mucho campo. Me pareció muy bien pues no íbamos a poder hablar gran cosa durante el trayecto debido al ruido y los rebotes. –He traído algo de pollo frito, cerveza, y Coca-Cola—añadió, tratando de confraternizar.

Distribuí mi larguirucho cuerpo lo mejor que pude para evitar los muelles que empujaban hacia arriba en el asiento y las herramientas que rodaban por el suelo. Mi maletín nuevo y flamante, cuidadosamente seleccionado para mi primer día como Super Gringo ya se había caído al polvoriento abismo frente al asiento trasero. Tal vez íbamos a encontrarnos con el comandante de la guardia revolucionaria que avanzaba hacia la ciudad. Mi imaginación ya galopaba a rienda suelta.

3
MY VISIT TO A CHICKEN FARM

At first sight I couldn't believe what appeared to be my ride in the early morning bustle of Avenida Roosevelt. An open Jeep appeared out of the mélange, pulled up in front of me, and I saw Marco was in front waving for me to get in. "Settle in," he said. "We're going to see a lot of countryside." That was a good thing because we wouldn't be able to talk much due to the noise and bouncing. "I brought along some fried chicken, beer and Coke," he added, trying to be a buddy.

I arranged my lanky frame as best I could to avoid the springs pushing up from the seats and tools sliding around on the floor. My shiny new briefcase carefully selected for my first day as Super Gringo had already slid into a dusty abyss in front of the back seat. Maybe we were going to meet the Comandante of the advanced revolutionary guard moving towards the city. At this point my imagination knew no bounds.

We pulled over to an Esso station to get gas, and while we were waiting for the attendant to bring change, Marco said, "This place we are going to is — how do you say? —

Entramos a echar gasolina a una estación de Esso, y mientras esperábamos por el cambio, Marco dijo — Este lugar al cual vamos está — ¿cómo diríamos? — ¡en el fin del mundo! —Pisó el acelerador unas cuantas veces hasta encontrar el punto perfecto en que no se ahogaría el motor al acelerar hacia la autopista.

Dejamos atrás el aeropuerto, que era el último indicio de civilización, y doblamos por un camino de tierra hacia una vasta extensión rural donde habríamos de encontrar la granja de pollos. El campo era muy pacífico y bucólico. Se apreciaban las suaves curvas de los cerros con bosques intercalados. Los campos y arboledas eran de un intenso verdor, probablemente debido a las frecuentes lloviznas y el rico suelo volcánico. Cada pocos kilómetros había un cruce de caminos y un grupo de pequeños establecimientos donde se vendía lo necesario para la vida cotidiana. La poca gente que vimos era pobre, pero parecía estar de buen talante.

Paramos a beber unas Coca-Colas bajo la sombra de unos árboles. Un fino polvo lo cubría todo, conque abrí la guantera por si encontraba algo con que desempolvar un poco. Ocupando todo el espacio tras la portezuela había un enorme revólver en espera de acción.

Marco se mostró divertido ante mi reacción — Todos llevamos un arma en el campo. Nunca se sabe quién puede representar un riesgo. Sandinistas, ladrones, borrachos, cualquiera. Tómalo. Míralo. ¿Ves? Está cargado —

Luego supe que no *todos* cargaban un arma en el campo, pero se entendía que era de esperar que muchos lo hicieran. Marco, por su parte, era un gran aficionado a las armas.

out in the boonies!" He revved the Jeep's motor a few times to find the sweet spot where it wouldn't stall when we accelerated onto the highway.

We passed the airport which was the last outpost of civilization and turned into a dirt road leading into a vast rural expanse where the chicken farm could be found. The countryside was very peaceful and bucolic. There were gently rolling hills and interspersed woodlands reminiscent of southern Vermont. The fields and woods were quite green probably due to frequent light rains and the rich volcanic soil. Every few kilometers there was a crossroads where there would be a cluster of small stores selling the necessities of life. The few people I saw looked poor but seemed to be in good spirits.

We stopped for a Coke break under some shady trees. There was fine dust over everything, and I opened the glove compartment to see if I could find something to wipe off at least some of the dust. Occupying almost all of the space was a huge revolver patiently waiting for action.

Marco was amused by my startled reaction, and said, "We all carry those in the country. You never know who will turn out to be serious trouble. Sandinistas, robbers, drunks, anybody. Pick it up. Look at it. See—it's loaded."

Actually, I learned later that not *everybody* carried sidearms in the country, but no one would blame you if you did. Marco, however, was known as a gun aficionado.

The Sandinistas Marco referred to was the Sandinista National Liberation Front (El Frente Sandinista de Liberación Nacional or FSLN) which was founded in 1961, four years before my visit, by Tomás Borge and others.

Los sandinistas a quienes Marco se refería eran los del Frente Sandinista de Liberación Nacional, o FSLN, fundado en 1961, cuatro años antes a mi visita, por Tomás Borge y otros. Se suponía que Borge comandaría una revolución socialista para derrocar a los Somoza. El Frente de Liberación había sido nombrado en honor a Augusto César Sandino, quien estableció una guerilla contra los Marines Americanos en los año 20. Los sandinistas habían sido inspirados por la revolución cubana de Fidel Castro y Che Guevara, pero años después se distanciaron del castrismo y siguieron su propio camino.

Encontré que entre los miembros de la élite que conocí en Managua, cualquier mención de los sandinistas era dejada de lado. Se sabía que andaban por ahí, pero me aseguraron que no significaban ningún tipo de amenaza en las zonas populosas. Los considerados líderes probablemente albergaban una evaluación más pesimista sobre una subida al poder de los sandinistas, pero creían que era prudente callar sus inquietudes. La Guardia Nacional, encabezada por el presidente Somoza de turno, despacharía a los sandinistas y otros rebeldes con procedimientos en los que los miembros de la élite preferían no pensar.

Es asombroso cómo una Coca-Cola fría lo puede revivir a uno en medio de una campiña. Teníamos vida de nuevo y ganas de cubrir el último trecho hasta la granja de pollos. A Marco se le ocurrió que para ahorrar tiempo, doblaríamos a la izquierda en un par de cientos de metros más adelante y atravesaríamos los campos por encima de los rastros dejados por las carretas. Yo pensaba que esta

Borge was to lead a socialist revolution and overthrow the Somozas. The Liberation Front was named in honor of Augusto Cesár Sandino who established a guerrilla action against the U.S. Marines in the 1920s. The Sandinistas were inspired by Fidel Castro's and Che Guevarra's revolution in Cuba, but in later years, they became disaffected by Castroism and sought their own way.

I found that among members of the Establishment that I knew in Managua, mentions of the Sandinistas were brushed aside. The Sandinistas were out there somewhere but, they assured me, were not a threat in the settled areas. The thoughtful leaders were probably harboring more pessimistic assessments about the Sandinistas taking over but thought it prudent to keep their thoughts to themselves. The National Guard, headed at any given time by whatever Somoza was president, would deal with the Sandinistas and other rebels in ways the Establishment members would prefer not to think about.

It's amazing how quickly a cold Coke can revive you in the Nicaraguan backcountry. We were alive again and eager to cover the last stretch to the chicken farm. To save time, Marco said we would turn left a few hundred meters further down the road and drive on a cart track across the fields. I thought that the cross-country drive would never end, but it was probably only a kilometer. We just bumped along over potholes and stopped now and then to open a farm gate.

The world headquarters of Productos Nica Pollos (Nicaraguan chicken products) came into view. It was a sprawl of old adobe buildings. A pleasant looking lady

tirada atravesando el campo nunca iba a terminar, pero probablemente no contaba con más de un kilómetro. Nos zarandeamos por encima de enormes baches, parando de cuando en cuando para abrir rejas de paso.

La sede de los Productos Nica Pollos apareció a corta distancia. Era una extensión de viejas construcciones de adobe. Una señora de aspecto agradable salió a atajar a dos fieros perros Doberman que nos mantenían a Marco y a mi acorralados. Se echaron y nos sonrieron como perros satisfechos que eran mientras entrábamos.

—Buenos días. Soy Pedro Zimmerman y esta es mi esposa, Hilda. Estamos encantados de que hayan podido visitarnos. Es importante ver el lugar, ¿saben? —Era un hombre bastante joven, bajo y de bigote, quien nos habló en un inglés con un acento continental bien cultivado. Supuse que no había modo de que yo pudiera pasar por nicaragüense.

—Vengan, hay café recién hecho, torta de manzana y la tortilla especial de Hilda, hecha con huevos que pronto han de ser famosos—. Nos presentamos y nos sentamos alrededor de la mesa de la cocina.

Antes de que pudiéramos terminar las tortillas, Pedro empezó—Bien, vamos a mi oficina a ver nuestros planes y cifras.

—¿No sería mejor que viéramos sus pollos y la planta procesadora primero? —Pregunté.

—No—dijo Pedro—Hay que ver los planes primero para entender y apreciar lo que van a ver luego en el recorrido.

—Desde luego—dije, tratando de sonar más británico que americano.

emerged to subdue the two fierce Dobermans that were holding Marco and me at bay. They laid down and smiled at us in their dog-satisfied way as we walked inside.

"Good morning. I am Pedro Zimmerman and this is my wife Hilda. We are so pleased that you could visit. It's important to see the site, you know," the short, mustached youngish man said in English with a cultivated Continental accent. I guessed I couldn't pass for a Nicaraguan.

"Come, have some fresh coffee, apple torte, and our soon-to-be-famous eggs in Hilda's special omelette." We introduced ourselves and sat down at the kitchen table.

Before we could finish the omelettes, Pedro said, "Okay, let's go to my office and look at our plans and figures."

"Shouldn't we see your chickens and processing plant first?" I asked.

"No" Pedro said. "You need to see the plans first to understand and appreciate what you will see later on in our tour."

"Quite so," I said, trying to sound more British than American.

Pedro's presentation was very professional. He gave both of us a folder with a dozen summary sheets much like a PowerPoint presentation. There was also a large foldout blueprint showing the process flow: eggs hatched to chicks; chicks to hens (no mention was made of the roosters); food, water, and medicine flowing to the hens; waste flowing out; and eggs moving into equipment designed to size, grade, and pack them.

La presentación de Pedro fue muy profesional. Nos dio una carpeta a cada uno con una docena de hojas de sumario, al estilo de una presentación de Power Point. También había un cianotipo que mostraba las etapas del proceso: huevos empollados; pollitos que se convertían en gallinas (sin mención de los gallos); comida, agua, y medicina suministrada a las gallinas, el flujo de desperdicios, y los huevos transportados a un equipo diseñado para medirlos, calificarlos, y empaquetarlos.

—Como pueden ver, se trata de una máquina gigante de huevos. Todo está automatizado. Todo el fluir de comida, desperdicio, y huevos, está calculado con precisión—y continuó mientras gesticulaba con una regla de cálculo, la versión antigua de una calculadora digital—Se trata del futuro de—casi dijo "del tercer mundo" pero se atajó y dijo "naciones emergentes"—donde no hay tantos científicos e ingenieros.

Las proyecciones de ventas y ganancias de Pedro eran atractivas, pero su historial de cifras de ventas y ganancias (más que nada pérdidas) no concordaba con ellas. Pronto se dio cuenta de nuestra preocupación.

—Este salto hacia las ganancias ocurre porque ustedes no pueden ver la infalibilidad (sí, ésa fue la palabra que usó) de mi proceso y modelos mercantiles y el impacto de una inversión acertada.

Marco le echó un vistazo a su reloj—Gracias por una buena presentación, Pedro. ¿Podemos ver las operaciones ahora?

Pedro puso los ojos en blanco, pero trató de parecer animado y dijo—Naturalmente. Vamos a visitar la granja de inmediato.

"You see, this is a gigantic 'egg machine' — everything is automated. All flows of food, waste, and eggs are precisely calculated," he waved a slide rule — yesterday's version of a digital calculator. "This is the future in the — he almost said 'third world,' but he caught himself and said 'emerging nations' instead — where there are not so many scientists and engineers."

Pedro's sales and profit projections looked attractive, but his historical sales and profits (losses actually) figures did not match up with them. He soon saw our concern.

"This jump to profits comes because you can now see the infallibility (yes, that was his word) of my process and business models and the impact of a wise investment."

Marco glanced at his watch and said, "Thanks for your fine presentation, Pedro. Can we see your operations now?"

Pedro rolled his eyes, tried to look cheerful, and said, "Right! Let's visit the farm operation straight away."

As I looked at the flow of things to and from the individually caged birds, the process looked very much like as shown in the blueprint. The only thing missing was the thousands of chickens mentioned in the presentation. I noted in my trip report that we saw at most a hundred hens.

On the drive back to Managua, we stopped at the Plaza de la República in front of the lake to have a coffee from a street vendor. We never did eat the fried chicken Marco brought. The sun was setting and the air was cooler, so people of all kinds, from office workers to housewives were walking around, stopping at food and market stands,

Al observar el fluir de todo aquello yendo y viniendo de las jaulas individuales de gallinas inmovilizadas, el proceso era el mismo que se mostraba en el cianotipo. Lo único que faltaba eran los miles de pollos indicados en la presentación. Anoté en mi reporte del viaje que habíamos visto unas cien gallinas como máximo.

En el camino de regreso a Managua, paramos en la Plaza de la República frente al lago a tomar café del puesto de un vendedor callejero. Nunca llegamos a comer el pollo frito que había traído Marco. El sol se ponía, el aire refrescaba, y gente de todas clases, desde oficinistas hasta amas de casa paseaban por los alrededores, parando en los estantes de comida y de mercado, conversando y haciendo vida social en general. Al acercarnos al lago, oímos disparos. Yo estaba alarmado, imaginando que los rebeldes estaban causando revueltas en la ciudad, pero Marco me calmó.

—Larry, fíjate que le disparan a botellas y latas flotando allá —nos bajamos del carro y nos acercamos a la orilla. Un grupo de jóvenes disfrutaban inmensamente su deporte de la tarde.

—¿Quieres participar? —le pregunté a Marco.

—Cuando era más joven lo hubiera hecho —dijo —pero ahora estoy tratando de ganarme la vida y hacerme de una carrera. Tengo una bella esposa y estamos esperando nuestro primer hijo. Ese revólver es solamente para nuestra protección —añadió, haciendo un gesto en dirección del Jeep.

Al oscurecer, los disparos cesaron, y Marco y yo tomamos sorbos de café en silencio. Entonces decidí preguntarle su opinión acerca de la granja de pollos.

chatting, and generally socializing. As we edged closer to the lake, we heard shots. I was frightened, imagining that rebels were causing trouble in town, but Marco calmed me down.

"Larry, see, they're shooting at bottles and cans floating around out there!" We got out of the car and walked closer to the shore. A group of young men were immensely enjoying this evening sport.

"Would you like to join them?" I asked Marco.

"When I was younger I would have," he said, "but now I'm trying to make a good living and build a career. I have a beautiful new wife and we are expecting our first child. That gun is only for our protection," he added, motioning towards the Jeep, where his handgun was.

As darkness set in, the shooting subsided, and Marco and I sipped our strong black coffee in silence. Then I decided to ask his opinion about the egg farm venture.

"Should CNI invest?" I asked.

"Yes, I think so," he said.

I could see that Marco was interested in going home, but he warmed up to his subject: "Productos Nica Pollos could be a showcase for modernizing our agricultural and food industries for a more productive economy. According to Pedro's projections, the return on investment should be 20 percent. Even half of that would be acceptable."

"Agreed," I said, "but Pedro seems like a scammer to me. At the least we should check his background and his assumptions carefully if we want to seriously consider this as a CNI investment."

Marco wasn't too pleased with the idea of a negative recommendation, but we agreed to discuss this the next

—¿Crees que CNI debe invertir?

—Pienso que sí—dijo.

Pude ver que Marco deseaba irse a su casa, pero el tema lo animó—Productos Nica Pollos pudiera ser una muestra de modernización para nuestras industrias alimenticias y agriculturales para una economía más productiva. De acuerdo a las proyecciones de Pedro, las ganancias de la inversión debieran ser de un 20 por ciento. Hasta la mitad sería aceptable.

—De acuerdo—dije—pero Pedro me parece un estafador. Cuando menos deberíamos investigar sus antecedentes y lo que asume con cuidado si queremos considerar ésto seriamente para una inversión de CNI.

Marco no estaba complacido con la idea de una recomendación negativa, pero acordamos que lo hablaríamos al día siguiente con Jorge Montealegre. Él pudiera tener otra perspectiva o información a considerar. Puede incluso verse obligado a hacer la inversión estuviera o no de acuerdo con la idea. Como yo no tenia conexiones nicaragüenses ni tensiones políticas, yo sería quien iba a hacer presión con una recomendación poco popular

Marco me dejó en el hotel. Me encontraba cansado y decidí no aventurarme a salir a cenar. Opté por comer tranquilo al lado de la piscina. Era aún temprano y el barullo y las charlas del gentío nocturno no había comenzado todavía. Me premié con un magnífico bistec para la cena. El ganado vacuno siempre había sido una industria significativa en Nicaragua, y sabían preparar un extraordinario bistec a la parrilla. Me puse a reflexionar.

¿Qué camino lleva todo esto? Aunque éste pequeño país con una población menor a la de Chicago no es la mejor muestra de

day with Jorge Montealegre. He might have other perspectives or information to bring to bear. He might even be forced to make the investment whether any of us thought it was a good idea or not. Since I had no Nicaraguan ties or political pressures, I would be the one to press ahead with the unpopular investment recommendation.

Marco dropped me off at the hotel. I was tired and decided not to venture out for dinner. I would have a quiet dinner by the pool. It was still early and the clatter and chatter of the late night crowd hadn't started. I treated myself to a nice steak dinner. Beef cattle has always been a major industry in Nicaragua, and they know how to grill a great steak. I lapsed into reflection.

Where is this all heading? Although this tiny country with a population less than Chicago is not the showcase of democracy and freedom, from where I sit, it seems that the current political and industrial elite is trying hard to improve the economy for everyone. Maybe it's because the big guys will get a much bigger share of the larger pie. The Sandinistas may bring freedom and joy to the masses, but will they kill the geese that are laying the golden eggs?

So why am I, in my mid-twenties, a highly educated but really naïve technician, tossed into this jungle of business deals? Maybe they know that I will go where angels fear to tread!

democracia y libertad,—desde mi atalaya, tal parece que la élite política e industrial del momento está esforzándose en mejorar la economía para todos. Tal vez sea porque los peces gordos esperan tener una tajada mucho mayor. Los sandinistas pudieran traer libertad y alegría a las masas, pero ¿matarían a las gansas que están poniendo los huevos de oro?

¿Por qué me encuentro yo, en mis veinte, un técnico bien educado pero ingenuo, mezclado en esta jungla de tratos de negocios? ¡Tal vez saben que yo iría allí donde los ángeles no se atreven a pisar!

4
ENCONTRANDO MI CAMINO

Marco y yo trabajamos dos días seguidos en el reporte de Productos Nica Pollos. Hicimos cálculos y consideramos los pros y los contras de la propuesta inversión en la "máquina de huevos" y decidimos recomendar en su contra a menos que hubiera más investigaciones al respecto. Al concluir nuestra presentación en la tarde del jueves, Marco escribiría el reporte oficial en su mejor español burocrático, y desde luego, contaría con la guía de Jorge Montealegre.

A media mañana del jueves, Jorge irrumpió en la sala de conferencias con la mano en alto, y en ella el periódico de la mañana, *La Prensa.* – ¿No han visto el artículo sobre "la guerra de huevos"?

Jorge desplegó el periódico sobre la mesa de conferencias. En él se exponía que como resultado de la reciente inaurguración del acuerdo de intercambio libre del mercado común de Centroamérica, grandes cantidades de huevos frescos de Honduras y Costa Rica habían inundado los mercados nicaragüenses. Los granjeros locales habían escrito cartas de protesta al editor. Un

4
FINDING MY WAY

Marco and I worked for two days on the Productos Nica Pollos report. We ran calculations, discussed the pros and cons of the proposed investment in the "egg machine," and decided to recommend against it unless further fact checking was done. After our presentation on Thursday afternoon, Marco would write the official report in his best bureaucratic Spanish and, of course, with guidance from Jorge Montealegre.

About mid-morning on Thursday, Jorge bounded into the conference room waving *La Prensa*, the morning newspaper. "Didn't you guys see this article about the 'egg wars?'"

Jorge laid the newspaper out on the conference room table. It said that as a result of the recently inaugurated Central American common market free trade agreement, fresh eggs from Honduras and Costa Rica have been flooding the Nicaraguan stores. Local farmers were writing protest letters to the editor. The editorial cartoon showed Nicaraguan eggs in combat with neighboring countries' eggs.

dibujo humorístico mostraba huevos nicaragüenses en combate con otros huevos de países vecinos.

—No veo cómo Pedro Zimmerman pudiera haber causado este escrito—dijo Jorge—ya que el motivo sería demasiado obvio.

Jorge llamó a conocidos en el negocio de víveres y pudo establecer en corto plazo que Pedro Zimmerman era ciertamente el principal importador de huevos.

Hizo contacto con Zimmerman para que se encontrara con nosotros en CNI. En nuestra oficina, Zimmerman admitió ser un gran importador de huevos. Dijo, sin embargo, que su plan de negocios era genuino y que proponía la iniciación de su máquina de huevos y así descontinuar la importación. Aunque debió habernos informado de esto durante nuestra visita a su granja, no había hecho nada ilegal.

Estuvimos de acuerdo en respaldar a Jorge para que pudiera presentar una fuerte recomendación a los directores sobre esta inversión en potencia. Marco se mantuvo firme en su posición de que Productos Nica Pollos debía ser un ejemplo bien financiado de una moderna producción alimenticia en Nicaragua.

El otro analista de CNI, Eladio Fernandez, indicó que ninguno de nosotros sabía lo suficiente sobre la industria avícola para entender a fondo el riesgo propuesto. Dijo que debíamos emplear un consultante experto en la cría de pollos, aunque ninguno sabía dónde encontrar a ninguno, al menos en Nicaragua, y decidimos que no teníamos el presupuesto para traer uno del extranjero.

En mi papel de especialista de administración científica, indiqué que el modelo del negocio—la

"I don't see why Pedro Zimmerman would have caused this to be written," Jorge said, "because the motive would be too obvious."

Jorge called people he knew in the grocery business and quickly established that Pedro Zimmerman was indeed the principal egg importer.

Then he contacted Zimmerman to meet with him at CNI. In our offices, Zimmerman admitted he was the major egg importer. He said, however, that his business plan was genuine and that he proposed to phase in his egg machine and phase out imports. While he should have informed us about this during our visit to his farm, he had done nothing illegal.

We all agreed to rally behind Jorge so he could present a strong recommendation to the directors about this potential investment. Marco held to his position that Productos Nica Pollos should be a well-financed example of modern and productive Nicaraguan food production.

The other CNI analyst, Eladio Fernandez, said that none of us knew enough about the chicken raising business to really understand the proposed venture. He said we should hire a poultry farm consultant, although no one knew where one could be found at least in Nicaragua, and we decided we didn't have the budget to bring one in from out of the country.

Speaking as the management sciences specialist, I said that the business model—the mathematical description of the poultry farming process and the related costs and revenues—seemed to work. It showed that the business could be solidly profitable. However, as Eladio Fernandez pointed out, none of us including probably Pedro

descripción matemática del proceso avicultor así como costos e ingresos relacionados—parecía funcionar. En él se mostraba que el negocio podía ser sólidamente lucrativo. Sin embargo, como Eladio Fernández había apuntado, ninguno de nosotros, probablemente incluso Pedro Zimmerman, sabía de contingencias tales como inesperadas enfermedades avícolas, o sequía, o como hacer las cuentas para ello.

Jorge vaciló en su decisión. Consideró los pros y los contras en cuanto a dar empuje a una industria importante en Nicaragua, recalcando que "todo el mundo come pollo y huevos" por un lado, y por otro lado la posibilidad de un desastre financiero al invertir en una industria sobre la cual no se sabía nada.

La semana siguiente, Jorge llamó la atención de la junta de directores de CNI hacia el proyecto. Arnoldo Solorzano, de Sovipe, donde trabajaba Bruce, recomendó que se trajera una compañía extranjera para invertir y obtener asesores técnicos. Tal compañía también podría comercializar pollos y huevos de Productos Nica Pollos en otros países. La junta votó en contra de la inversión en el proyecto.

Entretanto, después de nuestra reunión, Jorge me pidió que me encontrara con él en privado en su oficina. –Larry, como puedes ver las cosas no son tan simples aquí como parecen. Más bien votamos con el corazón, y no con nuestras cabezas —dijo.

—Ya veo—dije—pero todo mi análisis cuantitativo puede parecer más exacto de lo que realmente es, y tenemos que votar con el corazón.

Zimmerman knew about the contingencies such as unexpected poultry diseases and drought, or how to account for them.

Jorge vacillated in his decision. He weighed the pros and cons of advancing an important industry in Nicaragua, noting that "everyone eats chicken and eggs" on one hand, to the possibility of a financial disaster of investing in an industry we knew nothing about on the other.

The following week, Jorge brought the project to the attention of the CNI board of directors. Arnoldo Solorzano from Sovipe, where Bruce worked, recommended that a foreign company in this industry be brought in as an investor and technical advisor. Such a company could also market some of Productos Nica Pollos chicken and eggs in other countries. The board voted not to invest in the project.

Meanwhile, after our staff meeting, Jorge asked me to meet with him in private in his office. "Larry, so now you can see that things are not as simple as they seem here. We mostly vote from our hearts, not from our heads," he began.

"I see that," I said, "but all my quantitative analysis may seem more accurate than it really is, and we have to vote with our hearts."

"Well, you keep on looking at situations with your knowledge of accounting, business methods, and sound engineering. Let me deal with perspectives from the heart."

"Yes, sir," I readily agreed.

—Bueno, tú sigue contemplando situaciones con tus conocimientos sobre contaduría, métodos mercantiles, y buena ingeniería. Déjame lidiar con las perspectivas del corazón.

—Sí, señor—asentí presto.

—Y bien, Larry—continuó Jorge—es hora de que dediques el tiempo que te queda al análisis de la más grande, Metasa. Tenemos una inversión pequeña con la compañía y es hora de decidir si lo dejamos así o si invertimos más. Aparte del gobierno, son quienes emplean más gente en Nicaragua.

Jorge me lanzó una carpeta sobre Metasa para que la estudiara. –Cuando te hayas familiarizado con la historia y la situación mercantil actual de Metasa, déjamelo saber, para llamar Arnoldo Ramírez-Eva, el gerente general, para que concuerde una cita contigo. Tómate todo el tiempo que necesites. Anda a ver a cuanta gente creas necesario en Metasa tanto como fuera de la compañía para realizar un reporte completo y convincente. Será leído por mucha gente importante e influencial.

—Procuraré un chofer para ti—continuó — No quiero que vayas con ninguno de mis analistas aquí, pero si quieres consultar con tu amigo Bruce de vez en cuando, está bien. Él conoce el negocio de construcciones de acero. Si tienes preguntas o necesitas cualquier tipo de ayuda, no vaciles en preguntarme.

Jorge no mencionó a Luis Somoza, el dictador de Nicaragua. Haciendo rondas sin ser visto, él era el presidente de la junta directiva y el principal accionista de Metasa, así como el jefe de Ramirez Eva, el gerente general. *Bueno,* pensé, *todo paso por paso.*

"Okay, Larry," Jorge continued, "it's time for you to devote your remaining time to the analysis of the big one—Metasa. We have a small investment in them and must decide whether to leave it at that or invest further. Other than the government, they are about the largest employer in Nicaragua."

Jorge tossed me a file on Metasa to study. "After you have familiarized yourself with the background and current business situation of Metasa, let me know, and I will call Arnoldo Ramírez-Eva, their general manager, to set up an appointment with you. Take as long as you need. See as many people in Metasa and outside of their company as you think necessary to make a complete and convincing report. It will be read by many very important and influential people.

"I will see that you have a driver," he continued. "I don't want you to use my analysts here, but if you want to consult with your friend Bruce from time to time, that's okay. He knows the steel construction business. If you have any questions or need any kind of help, please don't hesitate to ask me."

Jorge did not mention Luis Somoza, the dictator of Nicaragua. Hovering unseen, he was the chairman and major shareholder of Metasa, and Ramírez-Eva's boss. *Well,* I thought, *one step at a time.*

I called Bruce and we agreed to meet at my hotel later in the afternoon where we would combine our notes and files on Metasa. Meanwhile, I took the Metasa file to the hotel and started looking through the documents. Near the top was *El Heraldo,* the Metasa house organ. It had this

Llamé a Bruce y acordamos encontrarnos en mi hotel en la tarde para combinar nuestras notas y carpetas en cuanto a Metasa. Entretanto, llevé la carpeta de Metasa al hotel y empecé a revisar los documentos. Cerca del encabezamiento estaba *El Heraldo,* el órgano informativo de Metasa. Contenía este interesante sumario sobre los comienzos de la firma y su filosofía:

METASA (Metales y Estructuras, S.A.) se encuentra celebrando sus seis primeros años de vida. Inició su producción industrial el 28 de julio de 1959, con una planta de estructuras y apenas 25 operarios. Hoy sus factorías se levantan en cada uno de los países del área y proporcionan un digno estándar de vida a más de cinco mil personas.

Sus fundadores, los ingenieros Luís A. Somoza D., Donald M. Spencer, y Arnoldo Ramírez-Eva, después de meditados estudios, decidieron asociarse para crear una industria que vendría a modificar sustancialmente el concepto empresarial hasta entonces imperante en la región.

En la mente de los fundadores de METASA estaba la idea de crear una empresa centroamericana… Hoy METASA cuenta, además de Nicaragua, con sociedades filiales y plantas propias en Costa Rica, Honduras, El Salvador, y Guatemala.

Las operaciones nicaragüenses de Metasa fabricaban y vendían productos de acero para la industria de la construcción. Empezando por acero importado de Japón, la compañía hacía estructuras de acero para edificios, tal

interesting summary of the firm's beginnings and philosophy:

> METASA (Metales y Estructuras, S.A.) has celebrated its sixth year of operation. It began production on July 28, 1959, with a structures plant in Nicaragua operated by a staff of 25. Today it has operations in each of the countries of Central America and supplies a dignified standard of living to the more than five thousand people it employs throughout the area.
>
> Its founders, Luís A. Somoza D., Donald M. Spencer, and Arnoldo Ramírez-Eva, after careful studies, associated to create an industry which would substantially change the enterprise concept hitherto prevailing in the region.
>
> In the minds of the founders of METASA was the idea of creating a Central American company...Today, METASA has its headquarters in Nicaragua and affiliates and plants in Costa Rica, Honduras, El Salvador, and Guatemala.

Metasa's Nicaraguan operation fabricated and sold basic steel products for the construction industry. Starting with steel stock imported from Japan, the company made steel structures for buildings including I-beams, trusses, and girders plus steel pipe, flat sheet and corrugated roofing, metal tanks, and chain-link fencing. The firm also had an engineering staff which designed the steel structure of buildings and supplied on-site assembly. There were Metasa steel structures plants in the other Central American countries as well.

como vigas, tuberías de acero, planchas, y techos corrugados, tanques de metal, y malla. La firma tenía también un personal de ingeniería que diseñaba la estructura de acero para edificios y proporcionaba servicio de armadura en-situ. Había plantas de estructuras de acero de Metasa en los otros países centroamericanos.

Ésta industria es algo básico para cualquier país, no importa cuán pequeño. En Nicaragua, esto era aún más importantes ya que los edificios con estructuras de acero resisten los embates de un terremoto mucho mejor, y Nicaragua ha tenido sismos devastadores.

Bruce hizo su aparición en el hotel, y pedimos cerveza y emparedados al lado de la piscina. –Larry, estás lidiando con los peces gordos —dijo —una compañía y sus directores han sido estirados desde todos los puntos por fuerzas diversas. Ni siquiera ellos saben todo lo que está pasando. Te han elegido para que ilumines a los jugadores clave.

—Desde luego, aprecio mucho que me informes sobre la industria aquí, Bruce. Yo ni siquiera sé nada sobre el acero—dije.

—No te preocupes. Aprenderás pronto, a medida que lo necesites. Para empezar, deberías tener buen conocimiento sobre las compañías y la gente clave.

Saqué una libreta de notas y una pluma.—Estoy listo.

—El único competidor significativo para Metasa es Tamenic, que tiene alrededor de una cuarta parte de las ventas de metasa y número de empleados. Básicamente la maneja un hombre, su pintoresco empresario y dueño, el

This is a basic industry for any country, however small. In Nicaragua, it was even more important because buildings with steel structure can withstand earthquakes much better, and Nicaragua has had devastating earthquakes.

Bruce appeared at the hotel and we ordered beer and sandwiches by the pool. "Larry, you're playing with the big boys—a company and its directors being stretched from all directions by a diversity of forces. Even they don't know everything that is going on. You have been appointed to enlighten the key players."

"I sure appreciate your filling me in on the industry here, Bruce. I don't even know anything about steel." I said.

"Don't worry. You'll learn what you need to know soon enough. To start, you should have an understanding of the key companies and people."

I pulled out a pad and pen. "Ready."

"The only significant competitor of Metasa is Tamenic, with about one-quarter of Metasa's sales and number of employees. It's basically run by one man, their entrepreneurial and colorful owner, Gabriel Ramos, a Costa Rican. He loves to talk to foreigners. You should talk to him about Metasa.

"Among the general contractors, engineers, and constructors supplied by Metasa and Tamenic, my company, Sovipe, is the largest with about 800 employees. We do everything—roads, office buildings factory buildings large housing developments—you name it. Our company name comes from the three directors. Arnoldo

costarricense Gabriel Ramos. Le encanta hablar con los extranjeros. Deberías hablarle sobre Metasa.

—Entre los contratistas generales, ingenieros, y constructores suministrados por Metasa y Tamenic, mi compañía, Sovipe, es la mayor, con alrededor de 800 empleados. Hacemos de todo—carreteras, edificios de oficinas, edificios de factorías y repartos residenciales—lo que sea. El nombre de nuestra compañía se compone de sus tres directores. Arnoldo Solorzano, de 40 años, el mayor de las autoridades en cuanto a su aura social, y director de tu compañía, CNI. Otro director es Julio Villa, de 38 años, nuestro arquitecto. Y el tercer director es Enrique Pereira, de 42, el vocero que nos representa con los medios noticiosos y con la comunidad.

—El resto de nuestra industria de la construcción consiste de una multitud de firmas de ingeniería de medio o menor calibre que proveen servicios de arquitectura, planes urbanos, ingeniería generalizada, y servicios en situ. Están empezando a usar más concreto reforzado que acero para algunos edificios. El cemento es un recurso natural de bajo costo en Centroamérica y puede ser convertido en partes de la construcción por firmas pequeñas.

—Todos estamos creciendo rápidamente aunque el crédito está apretado en la industria. A veces somos competidores y a veces colaboramos.

Hice algunos garabatos por un momento e intercalé - Eso ayuda, Bruce, pero dime, ¿dónde está el ímpetu por ese mercado que crece tan rápido?

Bruce miró a su alrededor para comprobar que nadie estuviera observando o escuchando. -Los Somoza están detrás de todo esto. Usualmente estaban involucrados en

Solorzano, now 40, who is our elder statesman in terms of social aura, and a director of your company, CNI. Another director is Julio Villa, 38, our architect. And the third director is Enrique Pereira, 42, the "Mr. Outside" who represents us to the media and the community.

"The rest of our construction industry consists of a multitude of medium and small engineering firms which provide architectural services, urban planning, general engineering, and on-site services. They are beginning to use reinforced concrete rather than steel for some buildings. Cement is a low-cost natural resource in Central America and can be converted into construction parts by small firms.

"We are all growing very rapidly although there is a severe credit crunch in the industry. Sometimes we are competitors and sometimes we collaborate."

I doodled for a moment and then asked, "That's very helpful Bruce, but tell me, what is the impetus for your rapidly growing market?"

Bruce looked all around as if to check if anyone was observing us or listening. "The Somozas are behind all this. Traditionally, they were in agriculture and other traditional industries. Now they are directly or indirectly financing all the urban subdivisions and industrial parks. The largest building in town is the mortgage savings and loans bank down the street from this hotel. Sovipe's Enrique Pereira is on their board. Probably the Somozas own a big chunk of it."

"This is going to give me a lot to think about," I said. "Now I have to get ready for a date with Ana. She said she

cuestiones de agricultura y otras industrias tradicionales. Ahora directa o indirectamente están respaldando todas las subdivisiones urbanas y parques industriales. El edificio más grande de la ciudad es el banco Inmobiliaria de Ahorros y Préstamos, calle abajo desde este hotel. Enrique Pereira de Sovipe está en la junta directiva. Puede que los Somoza sean dueños de gran parte.

—Esto me da mucho que pensar—dije—Ahora tengo que prepararme para mi cita con Ana. Dijo que me llevaría a conocer la ciudad. Estamos entusiasmados con el cumpleaños de la Señora Salazar en Matagalpa.

—Te veo a las 10:00 el sábado por la mañana. Lleva ropa de tiempo fresco porque vamos a estar en las montañas, y trae una bolsa de viaje—dijo Bruce.

Con eso, Bruce echó una mirada a su reloj y salió de prisa.

Ana llegó al hotel a las 6:00—una hora algo pasada de moda para una salida nocturna en Managua, pero había varios lugares que quería mostrarme. Estaba bella en un vestido de noche con mangas largas de encaje. Nos asomamos a varios restaurantes pequeños y clubes que ella creyó que podrían intrigarme. Tenían temas variados, como caribeño, maya, y de vaqueros. Todos ofreciendo salsa, merengue, samba, tango y bossa nova.

Decidimos cenar en el Pigalle del Hotel Colón. Tenía una orquesta pequeña con sonido de banda grande. Desafortunadamente no había show en días entre semana. Ana me habló sobre lugares interesantes para visitar en Nicaragua, incluyendo las ciudades de León y Granada. León es una vieja ciudad colonial española con una

would show me around town. We look forward to Señora Salazar's birthday in Matagalpa."

"See you at 10:00 Saturday morning. Wear clothes for chilly weather because they're up in the mountains, and bring an overnight bag," Bruce said.

With that, Bruce glanced at his watch and hustled out.

Ana stopped by my hotel at 6:00 — unfashionably early for a night out in Managua, but there were several places she wanted me to see. She was gorgeously dressed in an evening dress with long lace sleeves. We poked our heads in several small restaurants and clubs that she thought might intrigue me. They had various themes like the Caribbean, the Maya, and cowboys. They all featured the salsa, merengue, samba, tango, and bosa nova.

We decided to have dinner at the Pigalle in the Hotel Colón. It had a small orchestra with a big band sound. Unfortunately, this was a weekday so there wasn't a show. Ana mainly told me about the interesting places to visit in Nicaragua including the cities of León and Grenada. León is a very old Spanish colonial city with a huge cathedral. It is a city of awe-inspiring churches, great art, and delightful street life. Grenada is on the very large Lake Nicaragua and has a cathedral with an Italian *duomo* design. She also said I should visit Costa Rica and Guatemala while I was in Central America. I visited each after I left Nicaragua, and they were very different and interesting.

On the way back to my hotel, Ana said we should have a quick peek in the Club 113, which was very elegant and was patronized by high government officials, ambassadors, and big money of all kinds. The doorman

enorme catedral. Era una ciudad de asombrosas iglesias, obras de arte, y una divertida vida callejera. Granada está en el gran Lago Nicaragua y ostenta una catedral con un diseño *duomo* italiano. Ella también dijo que debía visitar Costa Rica y Guatemala mientras estuviera en Centroamérica. Visité ambas tras dejar Nicaragua, y las encontré muy diferentes e interesantes.

En el camino de regreso a mi hotel, Ana dijo que debíamos echarle un vistazo al Club 113, por su elegancia y porque era frecuentado por altos oficiales del gobierno, embajadores, y gente rica de todas clases. El portero trató de echarnos porque no teníamos el aspecto de quienes frecuentaban y por ser un club para miembros solamente, pero Ana lo convenció para que nos dejara entrar unos minutos y echar un vistazo. A pesar de mi apariencia, ella le aseguró que yo era un visitante importante de los Estados Unidos quien probablemente regresaría con un atuendo más apropiado.

—¡Mira!-ella dijo por lo bajo—pero no seas muy obvio. Allí está el presidente.

En una mesa de esquina, cenando tranquilamente con amigos estaba René Schick, el presidente de Nicaragua. Se le consideraba una buena persona, concienzudo, pero aun así un títere de Luis Somoza.

Entonces vi al hombre que conocí durante el vuelo de Pan Am, Bill, el "comerciante de café," cenando con una elegante mujer. El miró hacia nosotros, y vi cuando se fijó en Ana, no en mí.

—¿Lo conoces?—le pregunté a Ana.

—Vámonos de aquí—respondió de inmediato.

tried to shoo us out because we didn't look like their type and this was a club for members only, but Ana convinced him to let us stand in the back for a few minutes. Despite my appearance, she assured him, I was an important visitor from the States who might return in better attire.

"Look!" she said, "but don't be too obvious. There's the President."

At a corner table having a quiet dinner with friends was René Schick, the President of Nicaragua. He was considered to be a nice person, conscientious, but nonetheless a puppet of Luis Somoza.

Then I saw my acquaintance from the Pan Am flight, Bill the "coffee trader," having dinner with an elegant woman. He looked up, and I saw his gaze fix on Ana, not me.

"Do you know him?" I asked her.

"Let's get out of here," she hastily answered.

We agreed to meet on Friday afternoon at my new hotel, the Casa Vargas, where I would be moving in. From there, we would walk around the neighborhoods and see the Friday markets. After that would be the weekend with her family friends in Matagalpa.

Acordamos reunirnos el viernes por la tarde en mi nuevo hotel, la Casa Vargas, al cual me iba a trasladar. Desde allí pasearíamos por el vecindario para ver los mercados de los viernes. Luego sería el fin de semana con los amigos de su familia en Matagalpa.

.

5
TRASLADO A CASA VARGAS

Había llegado el día de mi mudada a Casa Vargas. Aunque estaba a solo unas cuadras de distancia, la mudada parecía un proyecto de envergadura. En menos de una semana, había acumulado un montón de ropa, papeles, libros, una máquina de escribir enorme y pesada, y otros equipos de oficina. Tal vez por un asunto de conciencia, Jorge envió a alguien con una furgoneta para llevarlo todo a mi nueva residencia.

Había coordinado dos citas durante el desayuno aquella mañana, una detrás de otra, para hablar de trabajos de tiempo completo para mí una vez hubiera terminado con CNI. Me estaba dando a conocer en la comunidad local de negocios internacionales. Como yo no tenía compromisos se me consideraba un buen prospecto. Además, era mi última oportunidad para enviar la cuenta de los agradables desayunos al lado de la piscina a CNI.

Un individuo grueso llamado Adolfo me esperaba en el lobby. Quería introducirme en su negocio. Adolfo era un empresario por cuenta propia que tenía un pequeño negocio haciendo briquetas de carbón de madera local. Se

5
THE MOVE TO CASA VARGAS

The day of my move to Casa Vargas had arrived. While it was only a few blocks away, the move seemed like a major project. In less than a week, I had accumulated a sprawl of clothes, papers, books, a large clunky typewriter, and other office equipment. Perhaps in a fit of conscience, Jorge sent someone over with a small van to move all of this to my new abode.

I scheduled two breakfast meetings that morning, one after the other, to discuss full-time jobs for me after I was through with CNI. I was becoming known in the local international business community. As I had no encumbrances, I was considered a good catch. This was also my last chance to charge these nice poolside breakfasts to CNI!

A portly gentleman named Adolfo was waiting when I arrived in the lobby. He wanted to bring me into his business. Adolfo was a self-financed entrepreneur who had a small business making charcoal briquettes from local wood. These were mostly used in Nicaragua for home heating during chilly weather. He envisioned a limitless

usaban en Nicaragua principalmente para calentar las casas cuando refrescaba la temperatura. Vislumbraba una oportunidad ilimitada para exportar sus briquetas a Norteamérica para barbacoas. Me di cuenta de que quería mi dinero, mi tiempo, y mi energía para lanzar su negocio de la nada al estrellato internacional. La competencia sería avasalladora por parte de 1,000 fabricantes de briquetas en Centroamérica y México, por lo tanto, lo rechacé amablemente.

Después vino el Señor Hioki, un representante comercial de Japón, quien vivía en Nicaragua desde hacía tres años, y quería saber si yo consideraría administrar una planta de radios transistores. Sería un negocio conjunto con una compañía japonesa grande de productos electrónicos que exportaría millones de radios por año. Me sentí intrigado debido a mi experiencia con la electrónica, pero trabajar para una compañía japonesa en Nicaragua no me parecía la mejor ruta hacia la felicidad.

Me sentí confiado después de las entrevistas, a pesar de todo, y estaba listo para lidiar con cualquier sorpresa que me pudiera lanzar el proyecto de Metasa. Dejé el hotel. El personal parecía lamentar de modo genuino mi partida. Me estaba convirtiendo en parte de la escena local.

Caminé un kilómetro por la Avenida Roosevelt hasta Casa Vargas. Las tiendas por departamentos empezaban a dar señales de vida. Los detallistas lavaban las ventanas de sus establecimientos y espantaban palomas. Una corta cola de vehículos esperaba por gasolina en la estación de Esso. Los guardias, estacionados dos pisos arriba en las torres de la

opportunity to export the briquettes to North America for barbecues. I could see that he wanted my money, time, and energy to catapult his business from nowhere to international stardom. The competition would be overwhelming from 1,000 potential briquette makers in Central America and Mexico, so I politely declined.

After him came Mr. Hioki, a trade representative from Japan, who lived for the past three years in Nicaragua, and who wanted to know if I would consider managing a transistor radio manufacturing plant. It would be a joint venture with a large Japanese electronics company and would export millions of radios per year. I was intrigued because I had a strong background in electronics, but working for a Japanese company in Nicaragua did not seem to be my route to happiness.

I felt very self-confident after those interviews, however, and was ready to take on whatever surprises the Metasa project would throw at me. I checked out of the hotel. The staff seemed genuinely sorry that I was moving on. I was becoming part of the local scene.

I walked the one kilometer down Avenida Roosevelt to Casa Vargas. The department stores were just stirring into life. Merchants were washing their store windows and shooing away the pigeons. A short line of cars was waiting to fill up at the Esso station. Guards, stationed two stories up at the guard towers on the Hormiguero prison, were peering down to the sidewalk to watch the pretty girls heading to their offices.

Not far beyond, I came to Casa Vargas, a two-story stucco structure. I walked into a large multipurpose area with

prisión del Hormiguero escudriñaban la acera en busca de muchachas bonitas camino a sus oficinas.

Un poco más allá estaba Casa Vargas, una estructura de estuco de dos pisos. Entré a un área de uso múltiple con varias puertas y un espacio grande para desayunar al fondo hacia la izquierda. Escuché las aspiradoras chocando con cosas. La vida detrás de las puertas empezaba a animarse.

—¿Puedo registrarme ahora?—le pregunté a una mucama desconcertada.

—La dueña no está—se detuvo, buscó entre unos papeles, y me entregó la llave. —Tenga. Su habitación es la última a la derecha.

De primeras pensé *¡Oh no! Está pegada a la calle,* al ver las cabezas de la gente pasando al lado de la ventana, pero luego me dí cuenta de que era la habitación más espaciosa de la casa y tenía una ventana grande. La luz de la mañana irrumpía por las cortinas de encaje.

Un desconocido apareció con mis cosas del hotel, sin ninguna ceremonia lo depositó todo en la habitación y desapareció.

Me tiré en la cama, que respondió con continuos chirridos de muelles. Un ventilador de techo giraba lentamente, y no había aire acondicionado por ninguna parte. En lugar de un menú con servicio de habitación, había un termo de agua. ¿Sería este lugar un anexo para los bien portados de la cercana prisión del Hormiguero?

Me quedé dormido. Me despertó alguien tocando la puerta. La abrí un poco—probablemente se trataba de la dueña que venía por el depósito—pero ¡sorpresa! Era Ana. Sabía que vendría a encontrarse conmigo para pasar la

several doorways and a large breakfast area back around to the left. I could hear vacuum cleaners starting up and banging into things. Life behind the doors was stirring.

"Can I check in now?" I asked a somewhat bewildered maid. "The *dueña* isn't here." She paused, shuffled through some papers, and handed me a key. "Here. Your room is the door to the far right." At first, I thought, *On no! It's right on the street* as I saw people's heads passing the window, but I came to realize it was the largest room in the house and it had a large window. The morning light blazed through the lace curtains.

A man I didn't know showed up with all my things from the hotel, unceremoniously deposited everything on the floor, and disappeared. I flopped down on the bed which responded with continuous squeaking of the springs. A ceiling fan turned slowly above, and no air conditioner was to be found. Instead of a room service menu, there was a thermos of water. Could this be the good-behavior annex to the Hormiguero prison nearby?

I must have fallen asleep. I was awakened by a knock on the door. I opened it a little bit—probably the *dueña* looking for a deposit—but, surprise! It was Ana. I knew she was coming over to join me for an afternoon of sightseeing, but with everything else going on, I had been unaware of the time. She said she would wait for me in the common area. There was a couple of simple wooden chairs and a Naugahyde couch for waiting guests.

For some reason, I'm not sure why, I became fond of Casa Vargas over the three weeks I stayed there. I learned that it was well-respected locally as the place owned by a

tarde como turistas, pero con todo lo demás, había perdido la noción del tiempo. Dijo que me esperaría en el área comunal. Había un par de simples sillas de madera y un sofá de vinilo para los inquilinos.

Por alguna razón, no estoy seguro por qué, me encariñé con Casa Vargas durante las tres semanas que estuve allí. Supe que era un lugar bien respetado localmente, perteneciente a un ingeniero costarricense, y en el cual los visitantes de fuera podían quedarse con comodidad y seguridad. Siempre había algunos negociantes, incluyendo ingenieros de instalaciones de compañías de equipos y auditores de banco.

Ana sugirió que visitáramos el Museo Nacional. Ella nunca había estado allí y había oído que mostraba mucho del país y la cultura bajo un mismo techo. Serpenteamos a través de varios vecindarios por el camino.

Las casas y las tiendas estaban organizadas alrededor de pequeñas plazas o patios con macetas y en ocasión fuentes o palmas. Los edificios eran de estuco y muchos tenían techos mediterráneos de tejas rojas. Durante el calor del día, apenas se veía a alguien, pero en las zonas comerciales las mujeres caminaban por las calles con cestos de plátanos, jaulas de pájaros, máquinas de coser, o rollos de cercas de alambre de espino balanceados sobre sus cabezas. Los restaurantes eran de los de mesas en la acera y a veces tenían a alguien atrayendo comensales con una guitarra o un acordeón. En algún momento vimos una chancha paseándose con sus chanchitos, aparentemente con un propósito y dirección, y sin un dueño aparente.

Costa Rican engineer where your out-of-town relatives could stay in comfort and security. There were always a few foreign business people staying there, including installation engineers from equipment companies and auditors for the banks.

Ana suggested that we visit the National Museum. She had never been there and had heard that it showed everything about the country and its culture under one roof. We meandered through several neighborhoods on the way.

The houses and shops were often arranged around little plazas or patios with planters and occasional little fountains or even palm trees. The buildings were stucco and many had red tile Mediterranean roofs. During the heat of the day, hardly anyone was to be seen, but in the commercial areas, women walked the streets with baskets of bananas, birdcages, sewing machines, and even rolls of barbed wired balanced on their heads. The restaurants were the sidewalk type and they sometimes had someone trying to stir up patrons with a guitar or accordion. At some point, we saw a sow trotting by with her piglets, apparently knowing where she was going, and no owner in sight.

We stopped at a little sidewalk restaurant and ordered fried fish, rice, pineapple, beer and ice cream for dessert. It was nice to sit and relax and just watch the world go by. There was a timelessness and simple charm to this place as if we might have been in Tuscany or Spain. I think we were both on the verge of dozing.

Paramos en un pequeño restaurante de acera y ordenamos pescado frito, arroz, piña, cerveza, y helado de postre. Fue agradable sentarse y relajarse y simplemente ver a la gente pasar. Había una sensación sin tiempo y el encanto simple del lugar era como estar en Toscana o España. Creo que estábamos a punto de quedarnos dormidos.

Entonces Ana volvió a la vida y dijo —¿Te he contado de cuando casi me hice monja?

—No. Suena interesante. Cuéntame—dije, intuyendo que ella estaba tratando de iniciar un tema profundo.

—Después mi graduación del colegio católico, me sentí inquieta y sin nada interesante que hacer. Mis padres aun tenían la granja en Matagalpa y yo estaba allí, atascada. Pero un sábado fui al cine ví *Historia de una monja* con la bella y sensible Audrey Hepburn. Ella encontró su propósito y su misión en su papel de monja bien entrenada para ayudar a los más pobres y enfermos del Congo. Pensé, *¿Por qué no voy a poder ayudar a nuestros pobres así?* Y como no iba a tener una especialidad como la medicina, mi entrenamiento no hubiera sido tan largo. Estaba pensando en los indios y otros que son prácticamente esclavos en las minas de oro.

—¿No ibas a tener que renunciar a todo? ¿Tu familia y amigos?—pregunté.

—Tal y como me sentía entonces, lo hubiera aceptado—dijo Ana—quería responder al llamado de los desafortunados, y lograr algo.

—¿Y qué pasó?

—La madre superiora dijo que no detectaba en mí la llamada de Dios.

Then Ana came alive and said, "Did I tell you about the time when I almost became a nun?"

"No. Sounds interesting. Tell me about it," I said, sensing that she was trying to start on a deep subject.

"After I graduated from Catholic college, I felt restless without anything interesting to do. My parents still had their Matagalpa farm and I felt stuck there. Then one Saturday at the movies, I saw *The Nun's Story* with beautiful and sensitive Audry Hepburn. She found a purpose and mission as a highly trained nun helping the poorest and sickest in the Congo. I thought, *Why can't I help our poor like that, but since I won't be a specialist like in medicine, my training period won't be long?* I was thinking of the Indians and others essentially enslaved in the gold mines."

"Wouldn't you have to give everything up? Your family and friends?" I asked.

"The way I felt then, that would have been okay," Ana said. I just wanted to answer a call from the unfortunate, and accomplish something."

"So what happened?"

"The Mother Superior said that she did not detect that my call was from God."

"So you weren't acceptable?"

"Well, at least, I would have had to do a make-over by spending two years as a pre-novitiate—sort of an engagement process with the monastic community—and then two more years as a novitiate to deepen my call to follow Christ."

"Then we wouldn't have met."

—¿Entonces no eras aceptable?

—Bueno, cuando menos hubiera tenido que pasar dos años como pre-novicia—como un proceso de compromiso con la comunidad monástica—y luego dos años más como novicia para profundizar mi vocación para seguir a Cristo.

—Y no nos hubiéramos conocido.

—Si, eso también—dijo con una sonrisa recordativo a la de la Hepburn.

—¿Encontraste otra vocación?

—Sí. Por este tiempo todos en América Latina empezábamos a sentirnos cautivados por tu Presidente Kennedy.

—Lo adoraban aquí—dije, recordando haber visto nichos en las casas y tiendas del vecindario con su foto detrás de flores frescas y una vela encendida.

—Por eso decidí entrar al Cuerpo de Paz de Kennedy, lo cual podía hacer con mi pasaporte americano. Tras unos meses de entrenamiento en Estados Unidos, regresé a Nicaragua, cerca de León, una interesante ciudad colonial a unas cuantas horas de nuestra granja. Me asignaron a ayudar los jóvenes a lograr desarrollar una carrera y a aventurarse en pequeños negocios.

—Suena ideal.

—Sería lo lógico, pero me encontré con mucha resistencia hacia la idea de una mujer en el papel de mentora de hombres jóvenes en asuntos mercantiles. Incluso si lo hubieran aceptado, sus tradicionales padres se hubieran negado.

—Lo siento por ti—dije, con todo el sentimiento que pude mostrar.

"Yes, and that," she said with a smile reminiscent of Hepburn's.

"So did you find another calling?" I asked.

"Yes. About at that time, we in Latin America began to be captivated by your President Kennedy."

"He was adored here," I said, recalling seeing *nichos* in houses and neighborhood stores with his picture behind fresh flowers and a burning candle.

"So I decided to join Kennedy's Peace Corps which I could do with my American passport. After a few months training in the States, I returned to Nicaragua near León, an interesting old colonial city several hours from our farm. I was assigned to help youth to succeed in career development and small business ventures."

"Sounds ideal."

"You would think so, but I found deep resistance to women mentoring the young men in the trades and business. Even if they were okay with it, their traditional parents were not."

"I really feel for you," I said, as feelingly as I could.

"Thanks. I appreciate it. But you will never really know what it is like to be a single woman trying to do good here."

We let the subject drop.

Soon, Ana picked up again. "So I resigned from the Peace Corps and found a place here in Managua with friends. I've been looking around for something to do next. Bruce's friend Amelia said that from what Bruce told her, you would be a good person to know. So here we are."

—Gracias. Lo aprecio. Pero nunca podrás saber con certeza lo que significa ser una mujer soltera tratando de hacer algo bueno aquí.

Dejamos caer el tema.

Al rato Ana volvió al asunto—Pues renuncié al Cuerpo de Paz y encontré un lugar aquí en Managua con amigos. He estado buscando algo que hacer. Amelia, la amiga de Bruce me dijo que según le dijo Bruce, tú eras alguien a quien debía conocer. Y aquí estamos.

Tuve ganas de preguntare qué tenía que ver Bill, el hombre que vimos en el Club 113, en todo eso. Pero en vez de eso, le dije—Estoy contento de haberte conocido. Veo que nos vamos a divertir mucho juntos.

Con eso, ambos nos dimos cuenta de que la tarde se nos iba de las manos, conque nos apuramos al museo.

Fundado en 1897, el Museo Nacional parecía haber estado en el lugar número 1,000 detrás de las fuerzas armadas en cuanto a prioridad de presupuesto. Todo estaba cubierto con una fina capa de polvo, y parecía que éramos los únicos allí. La atmósfera era como la de una de las antiguas tumbas egipcias de las películas de horror donde los investigadores se veían acosados por una momia viviente. Pero allí todos los muertos en vida estaban en estado latente.

Nos divertimos observando la revuelta colección de antiguas armas españolas y armaduras, metates y manos (piedras de cultura mesoamericana usadas aun por los indios en el presente para moler maíz y otros granos), mariposas, aves en taxidermia, ollas primitivas, arañas vivas, unas cuantas escenas grabadas del tiempo

I was itching to ask her where Bill, who we saw at the Club 113, fit into the picture, but I said "I'm so happy to meet you. I see that we'll have a lot of fun together."

With that, we both realized that the afternoon was slipping away, so we hurried to the museum.

Founded in 1897, the National Museum seems to have been about 1,000th in line after the armed forces in budget priority. Everything was covered in a fine layer of dust, and we seemed to be the only people there. The atmosphere was like one of the old Egyptian tomb horror movies where suddenly the scientists are accosted by a living mummy. All the undead here, however, were dormant.

We were both amused by the haphazard collection of old Spanish weapons and armor, *metates* and *manos* (Mesoamerican stone grinding fixtures used by Indians even today to grind corn and other grains), butterflies, stuffed birds, primitive pots, real live spiders, a few engraved scenes of the old colonial days, and stone idols, mostly displayed in use as paper weights or door stops.

"You can see the challenge in this country," Ana said. "So much needs to be brought up to date and the priorities are not for the common people."

We went outside to catch a cab. It dropped me off at Casa Vargas and Ana continued on to her place. We both had to pack for the weekend. Bruce and Amelia would pick her up and then me at 10:00 a.m.

After I organized all my things brought from the Gran Hotel that had been left scattered around the room, I grabbed the Metasa file Jorge had given me. I thumbed

colonial, e ídolos de piedra mayormente en uso como pisapapeles o topes de puerta.

—Puedes ver el reto que tiene éste país—dijo Ana— hay que poner tanto al día, y las prioridades no son para la gente corriente.

Salimos en busca de un taxi. Me dejó en Casa Vargas y Ana continuó hasta su casa. Ambos teníamos que empacar para el fin de semana. Bruce y Amelia la recogerían a ella y luego a mí a las 10:00 de la mañana

Después de organizar mis cosas traídas del Gran Hotel, que habían quedado tiradas por la habitación, tomé la carpeta de Metasa que me había entregado Jorge. Estuve hojeándola en busca de perspectiva y visión para hablarlo con Bruce durante el fin de semana.

El reporte financiero podía esperar por mí para hacerle referencia durante mis entrevistas de la semana siguiente. Ahora interesaban los comentarios del personal de CNI, banqueros, y ejecutivos industriales. Todos parecían requerir más información sobre Arnoldo Ramírez-Eva, el gerente general. Era bien conocido y abierto al público, un experto en su industria, confidente de políticos importantes, y siempre tiraba el primer pitch en los juegos de béisbol de la compañía. Aun así nadie parecía saber lo que pensaba ni en qué dirección iba.

No pude evitar pensar: *¿A dónde quería Ramírez-Eva llevar a Metasa desde este punto? ¿Estaba cansado del juego de Metasa y quería ir a otra cosa? ¿Veía su futuro en la política? ¿Qué planeaba para su familia?*

through it looking for issues and insights that I could discuss with Bruce during the weekend.

The financial reports could wait for me to reference during my interviews next week. Of interest now were the comments from CNI staff, bankers, and industry executives. They all seemed to want more information about Arnoldo Ramírez-Eva, the general manager. He was well-known and very public, an expert in his industry, a confidant of top politicians, and he threw out the first pitch at company baseball games. Yet no one seemed to know what he was thinking or where he was heading.

I couldn't help thinking: *Where did Ramírez-Eva want to take Metasa from here? Was he tired of the Metasa game and did he want to move on to something else? Did he see his future in politics? What about his family?*

6
FIN DE SEMANA EN EL CAFETAL DE LA MONTAÑA

Bruce, Amelia, y Ana llegaron a mi hotel justo a las 10:00. Sus bolsas de equipaje ya estaban el Toyota Land Cruiser de la compañía de Bruce. Yo llevaba una pequeña maleta y un cambio de ropa. Seguimos rumbo a Matagalpa, a unos 130 kilómetros hacia el noroeste.

Pasamos el aeropuerto y bordeamos las orillas del este del lago Managua. Tras cruzar los llanos, aminoramos la velocidad y empezamos el ascenso a las laderas y tierras altas hacia Matagalpa, la capital de la región. Era el foco del comercio de café, tabaco, vegetales, flores, y ganado. Además se había convertido en el área de congregación de emigrantes alemanes y de otros países europeos.

Disfrutamos de un agradable almuerzo al fresco en un restaurante de Matagalpa y seguimos rumbo norte hacia las montañas bajas. Quince minutos más tarde, llegamos al desvío a Santa María de Ostuma, el rancho cafetalero y el hotel pertenecientes a los Salazar. El camino de tierra era una especie de túnel a través de la espesa jungla. Todo estaba fresco y húmedo tras la llovizna matinal.

6
A Weekend at a Mountain Coffee Plantation

Bruce, Amelia, and Ana arrived at my hotel promptly at
10:00. Their bags were already in Bruce's company Toyota
Land Cruiser. I brought a small suitcase and a change of
clothes. We started out for Matagalpa, about a 130 km
drive to the northeast.

We passed the airport and skirted the east shore of
Lake Managua. After we drove across the plains, we
slowed down as we climbed into the foothills and
highlands leading to Matagalpa, the regional capital. It
was a trading center for coffee, tobacco, vegetables,
flowers, and cattle. It also became the home for many
German and other European immigrants.

We had a pleasant lunch at an outdoor restaurant in
Matagalpa and then headed north into the low mountains.
After fifteen minutes, we came to the turnoff to Santa
Maria de Ostuma, the Salazar's mountain coffee ranch and
hotel. The dirt road was virtually a tunnel through the lush
jungle. Everything was cool and damp after a morning
drizzle.

Bruce paró el Toyota misteriosamente. Se oyó el *snick* del perno de un rifle, y una apremiante voz — ¡Contraseña! Me recordó a *La balada del este y el oeste* de Rudyard Kipling:

Hay roca a la izquierda, y roca a la derecha, y fina espina baja entre una y otra.

Y puede que oigas el "snick" de un perno de rifle donde ningún hombre es visto.

Lo que dijo Bruce funcionó como contraseña, y continuamos subiendo por la montaña. Ana, quien había crecido en el área, estaba relajada, y me señalaba puntos de interés. Amelia, chica de ciudad, estaba visiblemente nerviosa y se agarraba de Bruce.

Llegamos a un grupo de edificios oscuros de madera bajo un toldo de altos árboles frondosos. Zonas de hierba y jardines floridos rodeaban el enclave. Pequeñas montañas de un verde intenso emergían por todas partes y las difuminadas nubes grises se asentaban sobre sus cimas.

Mientras nos bajábamos del vehículo, cuatro muchachos aparecieron, tomaron nuestro equipaje y nos llevaron a nuestras habitaciones. Uno de ellos dijo que podíamos descansar un rato y luego encontrarnos con Doña Meyaya (la señora Esmeralda "Meyaya" Salazar) para tomar café a las 3:00 en el portal trasero. Nuestras habitaciones eran simples y rústicas, con un escritorio, una cama, y una pequeña mesa con un florero.

A la hora señalada convergimos en el portal donde nos la encontramos absorta mirando unas mariposas que revoloteaban por el jardín. Una sirvienta terminaba de colocar el servicio de plata para el café y bandejas de frutas y dulces. Doña Meyaya enseguida reconoció a Ana, quien

Unexpectedly, Bruce stopped the Toyota. There was the *snick* sound of a rifle bolt, and a voice from the foliage said, "¡Contraseña!" (Password). It reminded me of Rudyard Kipling's *The Ballad of East and West:*

There is rock to the left, and rock to the right, and low lean thorn between

And ye may hear a breech-bolt snick where never a man is seen.

Whatever Bruce said worked, and we continued on up the mountainside. Ana, who grew up in this area, was relaxed and pointed out sights to me. Amelia, the city girl, was visibly nervous and clung to Bruce.

We arrived at a cluster of dark wooden buildings under a canopy of tall leafy trees. Grassy areas and flower gardens surrounded the complex. Small, intensely green mountains popped up everywhere and misty gray clouds had settled down on the mountain tops.

As we were getting out of our vehicle, four boys appeared, grabbed our bags, and showed us to our rooms. One of them said we should rest and then meet Doña Meyaya (Mrs. Esmeralda "Meyaya" Salazar) for coffee at 3:00 on the back portal. Our rooms were simple and rustic with just a bureau, bed, and vase of flowers on a small table.

At the appointed time, we converged on the portal where she was absorbed watching some butterflies enjoying the garden. A servant was finishing setting up the silver coffee service and trays of fruits and sweets. Doña Meyaya recognized Ana, once her neighbor, right away and they hugged. Then the rest of us were introduced. She said we were the only non-family guests that weekend,

había sido su vecina, y se abrazaron. Entonces fuimos presentados. Ella dijo que ese fin de semana éramos los únicos invitados que no éramos de la familia, y que habría una gran fiesta de cumpleaños en su honor. Su esposo, Leo, de casi 70 años, su hijo Jorge y su hija María, ambos jóvenes adultos, estarían allí con sus familias.

Después del café—y no hay nada como el café local de la montaña recién tostado—Doña Meyaya nos llevó a dar un recorrido por los alrededores. No me es posible recordar los nombres de las flores y de las diferentes especies de pájaros que nos señaló. Su vida había transcurrido allí y amaba la naturaleza que la rodeaba.

Ana y yo nos asomamos por una puerta y vimos una gran cocina con tal vez una media docena de mujeres preparando comida y revolviendo el contenido de las cazuelas sobre las hornillas. El fogón era una piedra plana de unos dos metros de ancho sostenida por grandes rocas. Alguien azuzaba el fuego de leña de modo continuo. Los muchachos traían agua en grandes bidones y vegetales en cestos planos. Había cierto orden dentro del aparente caos en una escena que parecía medieval.

Doña Meyaya desapareció por un rato y volvió a aparecer en un vestido tradicional espectacular. Tenía un corpiño sobre una larga falda abombada con capas de tela estampada de mucho colorido. Nos explicó que solamente se ponía ese vestido para algunas ocasiones festivas. El resto del tiempo estaba guardado en un baúl utilizado por muchas generaciones de mujeres de la familia después de haber llegado de España.

La cena estaba por comenzar. Durante el primer plato de carnes asadas y vegetales, hubo varios brindis por el

and there would be a gala birthday party for her. Her husband Leo, almost 70, and her son Jorge and daughter Maria, both young adults, would be there with their families.

After coffee—and there's nothing like freshly roasted local mountain coffee—Doña Meyaya took us on a tour of the grounds. I couldn't begin to remember the names of all the flowers and all the species of birds that she pointed out to us. She had spent a lifetime here and loved the natural surroundings.

Ana and I looked in an outside door and saw a large kitchen with perhaps a half dozen women preparing food and stirring pots over the kitchen stove. This stove was actually a huge flat stone about two meters wide, set on either end on large supporting stones. Someone was always stoking a wood fire underneath. Boys were bringing water in huge jugs and vegetables in flat baskets. Somehow, there was order in all the apparent chaos in a scene that looked medieval.

Doña Meyaya disappeared for a while and reappeared in a spectacular traditional dress. It had a fitted bodice, full floor length ruffled skirt with layers of colorfully patterned material. She explained that she only wore this dress for a few festive occasions. The rest of the time it was kept in a large chest that kept things used by many generations of women after the family left Spain.

Dinner was about to begin. During the main course of roast meats and hearty vegetables, there were toasts to the Don and Doña. Everyone wished her "Feliz cumpliaños" (happy birthday) and many more. Then serving girls

señor y la señora. Todos le desearon un feliz cumpleaños y muchos más. Luego las servidoras trajeron bandejas de fruta, queso fresco casero, plátanos fritos, vino, y todo tipo de manjares.

Todos se relajaron y rodearon a Don Leo, quien comenzó a contar historias. Habló sobre la ocupación por los Marines americanos en los años 20 y 30, y de como él, personalmente, liquidó a bandidos que plagaban la zona años atrás. Compartió viñetas sobre intrigas y triunfos familiares, y habló de haber entrenado a sus hombres para luchar contra los sandinistas. Leo hizo una pausa para observar quienes le estaban prestando atención, y pronto empezó a dormitar.

Como por arte de magia, las mesas fueron apartadas para lograr un amplio espacio. Seis sillas pequeñas fueron colocadas en fila. Seis campesinos entraron llevando en sus manos violines de reducidas dimensiones, y se sentaron, listos para tocar. Más campesinos entraron en parejas. La música empezó con un vals, empezando el baile el señor y la señora, su hijo Jorge y su esposa Lucía les siguieron, y luego todos se unieron. El baile progresó hacia polkas, y una mazurka.

La mazurka es una danza folklórica polaca, de triple metro y muy vivaz. Por razones oscuras llegó a la zona de Matagalpa y ha formado parte de la escena desde entonces.

Yo no conocía estos bailes pero probé algunos con Ana para no desentonar. Me sentía conciente de mí mismo, porque con mis dos metros de altura, pasaba a toda esta gente y no tenía su gracia y donaire. Cuando nos sentamos

brought in trays of fruit, fresh homemade cheese, fried bananas, wine and all sorts of delicacies.

Everyone relaxed and drew around Don Leo who started telling stories. He told about the occupation by the U.S. Marines in the 1920s and 1930s and how he personally slew bandits who plagued the area in years past. He shared tidbits of family intrigues and triumphs, and he described training his men to fight the Sandinistas. Don Leo paused a long time as if observing who was paying attention and then dozed off.

As if by some magical signal, the tables were moved out making a huge floor space. Six small chairs were brought in and set in rows. Six campesinos (farm hands) filed in carrying small violins and sat down ready to play. More campesinos entered in pairs of young men and women. The music started with a waltz that was begun by the Don and Doña, their son Jorge and his wife Lucía followed, then everyone joined in. The dancing progressed to polkas and the Mazurka.

The Mazurka is a Polish folk dance in triple meter and is very lively. For obscure reasons, it found its way to the Matagalpa area and has been enjoyed there ever since.

I didn't know these dances but I tried a few with Ana to be a good sport. I felt very self-conscious, however because at just over two meters in height, I towered over these people and I didn't have their grace and polish. As we were sitting and watching this amazing spectacle, I asked Ana about their little violins.

"Look, Ana, they are using small violins which they hold against their chest instead of their neck."

a mirar el asombroso espectáculo, le pregunté a Ana sobre los pequeños violines.

—Mira, Ana, usan esos violincitos que sujetan contra su pecho en lugar del cuello.

—Sí—dijo Ana—Se llaman violines de talalate. El talalate es una madera local del Valle de Sébaco, cerca de aquí, y se usan porque originalmente no se podía conseguir fácilmente las maderas tradicionales de los violines europeos.

—¿Todavía fabrican violines de talalate aquí?

—Sí, aunque el número de buenos artesanos de violines se ha reducido. Debemos visitar uno de los talleres en algún momento.

Poco antes del amanecer me desperté sobresaltado por lo que sonaba como leones enfurecidos en los altos árboles. Gruñían y rugían, a veces sonando como si estuvieran en medio de la agonía y otras veces como un ladrido gutural. Lo que estaba escuchando eran los monos aulladores proclamando sus territorios para la comida del día. Comen hojas tiernas casi exclusivamente y duermen la mayor parte del tiempo.

Son usualmente negros y crecen hasta un metro de largo, con una cola prensil del mismo largo. Viajan en bandas de entre cuatro y veinte, y en esta zona, iban por las altas ramas del toldo de árboles. Recuerdo una vez en Guatemala, años después, dos aulladores se metieron en nuestra habitación en un motel en la jungla, y mi esposa y yo luchamos por sacarlos. Cuando finalmente salieron, cerramos la puerta sobre una de sus colas. ¡Aquellos fueron serios aullidos!

"Yes," she said, "these are called *Violines de talalate.* Talalate is a local wood from the Sébaco Valley near here and is used because originally they couldn't easily get the traditional European violin woods."

"Do they still make the talalate violins here?"

"Yes, although the number of skilled violin makers is declining. We should visit one of their shops sometime."

Just before dawn, I awoke startled by the sound of something like angry lions in the trees overhead. They growled and roared, sometimes sounding like they were in agony and sometimes with throaty barking. I was listening to the howler monkeys announcing their territories for the day's feeding. They eat fresh young leaves almost exclusively and then sleep much of the time.

They are usually black and grow up to a meter long with an equally long prehensile tail. They travel in bands of four to twenty, and in this area, they scramble along the tree canopies high above the ground. I remember once in Guatemala, years later, two howlers got into our jungle motel room, and my wife and I tried to chase them out. When they finally scuttled off, we found that we had slammed the door on a monkey tail. It really howled!

The next day, Sunday, Doña Meyaya and her husband went to Mass, but she encouraged everyone else to enjoy the nice day exploring the grounds before we returned to Managua. There were two men on a bench under a shady tree cleaning their guns, smoking pipes and chatting quietly. Down the side of the mountain, we saw a pack train of heavily laden burros emerging into an open field. Coffee plants were everywhere. Occasionally I heard a

Al siguiente día, domingo, Doña Meyaya y su esposo fueron a misa, pero ella animó a los demás a pasar el día explorando los alrededores antes de que regresáramos a Managua. Vimos a dos hombres en un banco bajo la sombra de un árbol limpiando sus armas, fumando en pipa y conversando por lo bajo. Por la ladera vimos una caravana de burros muy cargados que surgían a campo abierto. Las plantas de café abundaban. De vez en cuando se oía algún disparo. Nadie parecía saber si se trataba de una cacería o algo peor.

Entonces Jorge con algunos amigos aparecieron a caballo. Me gritó —¡Larry, ven con nosotros! ¡Vamos a cazar sandinistas!

Ví alforjas pesadas colgando de las monturas, que luego supe se trataba de dinamita, y llevaban rifles.

—Están guarecidos en las cuevas. ¡Vamos!—Jorge gritó.

Yo era un buen jinete pero no estaba en condiciones ni talante para esta aventura.

—Gracias, pero prefiero no ir. ¡Tengan un buen día! ¡Los veo más tarde!—les voceé. Me complacía que me hubieran invitado a ir con ellos.

Bruce, Amelia, Ana y yo holgazaneamos afuera y vimos una banda de monos pasar por encima de nosotros. Un campesino deambulaba por los alrededores tocando guitarra. Era difícil siquiera pensar en regresar a Managua.

Antes de despedirnos de los Salazar, Bruce sugirió que él y yo nos sentáramos en el portal a tomar café y a hablar un poco de negocios. Las muchachas siguieron explorando los alrededores. En general, Bruce prefirió hablar de hablar de

shot. Nobody seemed to know if it was for gathering game for the table or something worse.

Then Jorge and some friends appeared on horses. He shouted to me, "Larry, come join us. We are going out after Sandinistas!"

I saw bulky bags hanging from their saddles, which I learned later was dynamite and they were brandishing rifles.

"They're hiding in caves. Let's go!" Jorge shouted.

I was a skilled rider but not in the condition or mood for this adventure now.

"Thanks, but no! Have a good day! We will see you later," I shouted back. I was pleased that they saw me fit to ride with them.

Bruce, Amelia, Ana and I lounged around outside and watched a band of monkeys traverse above. A campesino wandered around strumming a guitar. It was hard to even think about returning to Managua.

Before we said our goodbyes to the Salazars, Bruce suggested he and I have a coffee on the portal and talk a little about business. The ladies were off exploring around. In general, Bruce preferred to talk about talking about business, especially Sovipe and Metasa, not in public where others could hear.

"The Metasa analysis is what you're really here for, Larry. They have Arthur D. Little (ADL), the big U.S. consulting firm doing a study, but Metasa will only tell ADL the official story. Luis Somoza, who runs the country, controls the board so how can ADL do otherwise? ADL will look at Metasa's watch and tell them what time it is."

negocios, especialmente Sovipe y Metasa, no en público donde otros pudieran escuchar.

—El análisis de Metasa es la verdadera razón por la cual estás aquí, Larry. Tienen a Arthur D. Little (ADL), la gran firma consultora americana conduciendo un estudio, pero Metasa solamente le comunica a ADL la historia oficial. Luis Somoza es quien manda en el país y controla la junta, así que ¿cómo puede ADL hacer otra cosa? ADL mirará el reloj de Metasa y les dirá qué hora es.

—Entonces, ¿Por qué utiliza Metasa a ADL en primer lugar, si ya se sabe el resultado del estudio?—pregunté.

—Porque necesitan algo oficial por parte de los expertos para mostrarle a los inversionistas internacionales en potencia que todo está bien con Metasa. Uno con quien te vas a topar es Adela Investment Company. Fue creado por la Fundación Ford de los Estados Unidos para suscribir inversiones del sector privado en América Latina donde habría reformas sociales y económicas. Muchas compañías de Europa, Norteamérica, y Japón capitalizaron a Adela. Sus operaciones tienen su sede en Lima, Perú. El gerente de esta zona es muy listo, pero sabe que tiene que atenerse a las reglas del juego.

—En otras palabras, tiene que hacerse de la vista gorda hacia problemas embarazosos de explicar ya que no están en los documentos oficiales de la compañía—dije.

—Precisamente. Tú, por otro lado, eres un agente libre y puedes hurgar por donde quieras.

—Y CNI es demasiado pequeño para sostener una pérdida por parte de un inversionista grande como Metasa—dije.

—Larry, estás en la pista.

"So why would Metasa use ADL in the first place, if the study result is a foregone conclusion?" I asked.

"Because they need something official from experts to show potential international investors that all is well at Metasa. One of those you will run into is Adela Investment Company. It was created by the U.S. Ford Foundation to underwrite private sector investments in Latin America where there would be social and economic reforms. A lot of companies from Europe, North America, and Japan capitalized Adela. Their operations are headquartered in Lima, Peru. Their manager for this area is very smart, but he knows he has to play by the rules."

"In other words, he has to overlook problems that are embarrassing to explain because they're not in the official books of the company," I said.

"Exactly. You, on the other hand, are a free agent and can poke around anywhere you want."

"And CNI is too small to afford a loss from a big investment like Metasa," I said.

"Larry, you're catching on."

"So how are you and Sovipe involved?" I asked.

"The official reason is that we are investors in CNI and want them to succeed. Another reason—and don't breath a word about this to anybody—is that if it appears that Metasa is going under, we could make them an offer to be a division of Sovipe before the opportunity to scoop them up becomes generally known."

"This gives me a lot to think about," I said.

"I'm here to help in any way I can," Bruce said. "Now let's go find Ana and Amelia and get ready to leave."

—Entonces ¿Cómo están tu y Sovipe involucrado con Metasa?—pregunté.

—La razón oficial es que somos inversionistas en CNI y queremos que triunfen. Otra razón—y no le digas una palabra a nadie—si pareciera que Metasa se va a hundir, podemos ofrecerles hacerlos una división de Sovipe antes de que la oportunidad de recogerlos sea descubierta en general.

—Esto me da mucho que pensar—dije.

—Aquí estoy para ayudarte en todo lo que pueda— dijo Bruce—. Y vamos a buscar a Ana y Amela y prepararnos para el regreso.

Cuando los Salazar regresaron de la iglesia, todos nos reunimos en una terraza para una comida de domingo estilo picnic. Ensalada, vegetales, y pato frío fueron servidos con galletas de postre y la opción de vino blanco o tinto. Una siesta hubiera venido muy bien después, pero decidimos regresar a Managua. Bruce vivía hacia el sur de Managua donde debía regresar después de dejarme a mi, y a nuestras amigas.

Los muchachos pusieron nuestro equipaje en el Toyota Land Cruiser, con lo cual nos despedimos finalmente, tomando algunas fotografías. Al alejarnos, no pude evitar pensar que no solamente sería esta la última vez que vería este lugar, sino que era el fin de una era y estilo de vida. Desafortunadamente, eventos desastrosos probarían que estaba en lo correcto.

After the Salazars returned from church, everyone gathered on an outdoor deck for a picnic-style Sunday dinner. Salad, vegetables, and cold duck were spread out with cookies for dessert and a choice of white or red wine. A siesta might have felt good after that, but we decided to return to Managua. Bruce lived far to the south of Managua where he would have to return after he dropped me and our lady friends off.

The boys had our luggage neatly stowed in the Toyota Land Cruiser so we had our final round of goodbyes and picture taking. As we started out, I couldn't help thinking that not only was this the last time I would see this place, it was the end of an era and a way of life. Unfortunately, disastrous events would prove me right.

7
ARNOLDO RAMÍREZ-EVA

El lunes por la mañana, me reuní con Jorge antes de su reunión semanal con el personal.

—¡Adelante, Larry! Toma un poco de café de Matagalpa recién hecho. Los miembros de la junta leyeron el reporte sobre la granja de huevos que tú y Marcos prepararon, y a todos les ha gustado.

—Gracias—dije. —Fue un reto terminarlo en los pocos días asignados. Estoy ansioso de enfrentarme al reto de analizar a Metasa. ¿Con cuánto tiempo cuento para ese proyecto?

—Dos semanas—dijo Jorge. —Esta mañana voy a llamar a Arnoldo Ramírez-Eva, el gerente general, para concordar una reunión con él para que te conozca.

Unas horas después, Jorge dijo: —Arnoldo te recibirá por la mañana, y si todo va bien, te llevará a almorzar. Está muy ocupado, haciendo varias cosas a la vez, así que no te sientas mal si se pierde el almuerzo contigo. Dijo que un chófer te recogerá a las 8:00 a.m.

—Perfecto. Estaré listo—dije.

7
ARNOLDO RAMÍREZ-EVA

On Monday morning, I met with Jorge before his weekly staff meeting.

"Come in, Larry! Have some fresh brewed Matagalpa coffee. The board members read the report on the egg farm that you and Marcos produced, and everyone likes it."

"Thank you," I said. "It was a challenge for the few days allowed. I look forward to the big challenge of analyzing Metasa. How long am I allowed for this project?"

"Two weeks," Jorge said. "I will call Arnoldo Ramírez-Eva, their general manager, this morning to set you up for an introductory meeting with him."

A few hours later, Jorge said, "Okay, Arnoldo will see you in the morning, and if all goes well, he should take you to lunch. He's very busy and always doing several things at once, so don't feel bad if he skips lunch with you. He said a driver will pick you up at 8:00 a.m."

"Perfect. I'll be ready," I said.

"Oh! and here is a little something you can give Arnoldo for me," Jorge said. He handed me two tickets for

— ¡Oh! Aquí hay algo para que se lo des de mi parte—dijo Jorge. Me extendió dos entradas para un show en Miami para el mes siguiente, cuando Ramírez-Eva estaba planeando estar allí.

—Muy amable de tu parte—dije.

—Más que ser amable es como ciertas personas en esta ciudad esperan ser tratados—dijo Jorge con una sonrisa entendedora—Será útil para asegurar la atención de Arnoldo.

—Jorge—me aventuré —¿Pudieras darme una breve descripción de Ramírez-Eva y los Somoza?

Jorge asintió con un gesto y cerró la puerta de su oficina.

—Ramírez-Eva es un hombre de empuje—empezó Jorge—Trabaja día y noche. La gente no se atreve a irle a la contraria por una combinación de temor y respeto. Da una impresión agradable, pero por dentro es tenso y calculador. Tiene la autoestima de un líder natural, y es muy bueno en abordar benefactores futuros y convencerlos de hacer inversiones con él.

—Entonces, ¿es allegado a Luis Somoza?—pregunté.

—Simpatiza con Luis pero no sé su opinión de Tachito, el hermano menor de Luis. No sé si Tachito tiene algún amigo allegado. Tiene empuje también, pero asusta. Luis no es como Tachito, y probablemente vive una vida más normal.

El chofer llegó a tiempo en un automóvil negro. Me dio una taza de café y emprendimos camino a Metasa, a media hora de viaje, en un pueblo con el rítmico nombre de Tipitapa. Los grandes edificios de Metasa cubrían un área

a show in Miami for next month when Ramírez-Eva planned to be there.

"That's nice of you," I said.

"More than being nice, it is how certain people in this town expect to be treated," Jorge said with a knowing smile. "It will help to assure Arnoldo's full attention."

"Jorge," I asked, could you give me a short profile of Ramírez-Eva and the Somozas?"

Jorge nodded agreement and closed the door to his office.

"Ramírez-Eva is a driven person." Jorge began. "He works day and night. People don't dare cross him through a combination of fear and respect. He's outwardly pleasant but inwardly tense and calculating. He has the self-assertion of a natural leader, and he is good at meeting future benefactors like Luis Somoza and talking them into investing with him."

"So he's close to Luis Somoza?" I asked.

"He likes Luis but I don't know his opinions about Tachito, Luis' older brother. I don't know if Tachito has any close friends. He's also driven, but scary. Luis is not like Tachito, so he probably lives a more normal life."

The driver showed up on time in a big black car. He gave me a cup of coffee and we sped off to Metasa, about a half hour trip away in a town with the quaint name of Tipitapa. Metasa's large buildings covered a semi-rural area the size of a city block. Six were single-story, semi-open shops for processing steel and up front was the administration building. It was single-story, modern, with tastefully appointed visitors waiting rooms and conference rooms.

rural equivalente a una cuadra urbana. Seis edificios eran de una planta, talleres parcialmente abiertos donde procesaban acero, y al frente estaba el edificio administrativo. Era moderno, de una planta, con salas de espera para visitantes, equipadas con gusto, y salas de conferencia además. Los radios de dos vías crepitaban detrás de los escritorios de las recepcionistas, al parecer para impresionar al visitante con la expediente comunicación de las oficinas de Metasa en Nicaragua y más allá.

La recepcionista hizo un gesto en dirección a un área alfombrada y parcialmente cerrada que era del dominio de la secretaria del gerente y sala de espera para visitantes. Estaba bien vestida y era eficiente.

—¿Café, Mr. Kilham?—preguntó en perfecto inglés.— Mr. Ramírez-Eva lo espera y vendrá enseguida.

Mientras esperaba, leí el mensaje de Ramírez-Eva a sus empleados en la página principal del periódico de la compañía. En parte, decía:

Cuando irrumpimos en el panorama empresarial centroamericano lo hicimos a sabiendas de que encontraríamos muchos escollos, pero con la convicción suficiente acerca de la trascendencia que en el campo económico-social alcanzaría nuestra decisión. Sabíamos que tendríamos que formar técnicos, que especializar al obrero, que, en fin, cambiar una mentalidad agraria, fuertemente arraigada por un enfoque industrial, ajeno hasta entonces, a nuestras costumbres. Eso hace apenas seis años.

Two-way radios crackled from behind the reception desk, seemingly to impress the visitor with timely communications with Metasa's offices in Nicaragua and beyond.

The receptionist gestured me to a partially enclosed and carpeted area which was the domain of the manager's secretary and waiting area for his visitors. She was well-dressed and very businesslike. "Coffee, Mr. Kilham?" she asked in perfect English. "Mr. Ramírez-Eva is expecting you and will see you shortly."

While waiting, I read Ramírez-Eva's message to employees on the front page of the company newspaper. It said in part:

> When we broke into the Central American panorama, we did it knowing that we would find many pitfalls, but with sufficient conviction about the transcendence that our decision would reach in the socio-economic arena. We knew that we would have to develop technicians, that we would need specialized workers, and that we would have to change a deeply rooted agrarian mentality into one with an industrial focus, which until then was totally foreign to our customs. That was only six years ago.

I thought, *Here's a man of the people! He's helping the economy! He's going places.* As if by a silent signal, his secretary stood up, opened his door, and ushered me in, steno pad in hand. Ramírez-Eva said she could go and came forward to shake hands. He was almost a foot

Pensé, *¡Este es un hombre del pueblo! ¡Está ayudando a la economía! Es progresivo.* Como impulsada por una señal silenciosa, su secretaria se levantó, abrió su puerta, y me dirigió hacia dentro, con el cuaderno de estenografía en la mano. Ramírez-Eva le dijo que podía marcharse y se acercó a estrechar mi mano. Llevaba una guayabera, y era al menos un pie más bajo que yo, lo cual sentí le resultaba incómodo.

—Por favor, toma asiento. Bienvenido a Metasa—dijo, indicando una silla frente a su masivo escritorio, estilo mesa. Era ovalado, de madera pulida como un espejo, color crema, con un patrón de nudos. Mientras esperábamos por el café, firmó documentos y yo observé los alrededores de su expansiva oficina. No había mucho que ver en cuanto a Metasa y sus edificios de acero, pero detrás de él había una vitrina ancha que exhibía triunfos de béisbol—su pasión aparente. Había brillosos trofeos de todos tamaños. Entre ellos había pelotas firmadas, un guante, y fotos satinadas de equipos ganadores. Nunca se perdía la oportunidad de tirar la primera bola del equipo de la compañía.

Ramírez-Eva me miró mientras tomaba sorbos de café, como si pensara por dónde empezar.

—Vamos al grano. ¿Por qué estás aquí? ¿Está nervioso Jorge en cuanto a la inversión?

—Bueno, el espera que yo pueda hacer un análisis en los términos con que ellos analizan inversiones.

—¿Y no es igual con todo el mundo?—Ramírez-Eva preguntó.—Tal parece que casi todo el mundo nos quiere analizar. Vienen y van, estos tipos financieros en trajes de lujo.

shorter than me, which I sensed made him feel somewhat uncomfortable, and he wore a tropical guayabera shirt.

"Please be seated, welcome to Metasa," he said, pointing to a chair in front of his massive table-style desk. It was oval in shape, made of mirror-polished hardwood, cream colored, with a burled pattern. As we waited for the coffee to be brought in and he was signing documents, I looked around in his expansive office. There wasn't much to see about Metasa and steel buildings, but behind him was a wide glass showcase showing triumphs of baseball—his apparent passion. There were glittering trophies of all sizes, besides signed baseballs, a fielder's mitt, and glossy photos of winning teams. He would never miss throwing out the first pitch for the company team.

Ramírez-Eva looked at me while sipping coffee as if thinking about where to start. "Let's get to the point! Why are you here? Is Jorge nervous about his investment?"

"Well, he hopes I can do an analysis in terms of how they analyze investments."

"Doesn't everybody?" Ramírez-Eva asked. "It seems like almost everyone wants to analyze us. They come, they go, these financial types in fancy suits."

I wanted to reply, *What do you expect? There are a lot of investors and potential investors involved who are anxious about their investments.* But I let him talk.

"I expect more of you. You're an engineer like me," he said looking my resume—I don't know where he got it.

"Ah! You will be able to see deeper and better sense the interrelationship of things. We engineers have to stick together, you know."

Quise responder, *¿Y qué esperas? Hay muchos inversionistas e inversionistas en potencia que están envueltos y están ansiosos por sus inversiones.* Pero en lugar de eso lo dejé hablar.

—Espero más de ti. Eres ingeniero como yo—dijo, mirando mi currículo. —No sé dónde ni como lo obtuvo.

—¡Ah! Vas a poder tener un sentido mejor y más profundo de las relaciones entre una cosa y otra. Nosotros los ingenieros tenemos que apoyarnos uno al otro.

Pensó unos instantes y luego continuó. —Como soy el alma y el corazón de Metasa, creo que debes saber más sobre mí. Siempre quise lograr algo por mi propia cuenta, así que me matriculé en el Instituto Politécnico de Rensselaer en Troy, Nueva York, donde me hice ingeniero civil. No era una de esas escuelas juguetonas de California o Florida.

—¡Una gran escuela!—fue todo lo que se me ocurrió decir.

—En los Estados Unidos todo lo técnico se hace de la manera correcta. De veras. Entonces decidí trabajar para una compañía Americana de construcciones de acero, Chicago Bridge and Iron. Después de entrenarme en los Estados Unidos, me mandaron a Venezuela, donde conocí a mi querida esposa. Me hicieron trabajar en proyectos de construcción en Venezuela, Colombia, y el Caribe.

—En los años 50—continuó — decidí regresar a mi país para ayudar a mi gente. Es lo correcto. ¿No crees?

—Me inspira. Tiene un historial extraordinario—dije.

—Pero nosotros los trabajadores de los viñedos debemos hurgar…

He thought some more, then continued, "Since I'm the heart and soul of Metasa, I think you should know more about me. I wanted to make something of myself so I enrolled at Rensselaer Polytechnic Institute in Troy, New York where they made me a civil engineer. It wasn't one of those California or Florida play schools."

"Great school!" was all I could think of saying.

"In America, you do everything right that is technical. You really do. So I decided to work for an American steel construction company, Chicago Bridge and Iron. After training in the States, they sent me to Venezuela where I met my dear wife. They had me working on construction projects in Venezuela, Colombia, and the Caribbean.

"I decided in the late '50s to come back to my homeland to help my people. That is the right thing to do. Don't you agree?"

"You're inspirational. You have a remarkable background," I said. "However, we workers in the vineyards have to dig..."

"Oh, I know, I know," he said, "you want to see all my accounts. I will send a memo today to all my managers, introducing you and requesting them to share any accounting information you feel you need. We don't do this for everybody, you know. If you have trouble finding some information, don't hesitate to contact me and we'll see what we can do." The expression on Ramírez-Eva's face was, however, "but please don't do this."

He looked at his watch and said, "Come, let me show you our operations." As we were leaving, he stopped to dictate a short memo introducing me to his manager. I

—Claro, claro—dijo. —Quieres ver todas mis cuentas. Enviaré un memorándum hoy a todos mis gerentes, presentándote y pidiéndoles que compartan la información contable que necesites. No lo hacemos con cualquiera, ya sabes. Si encuentras escollos en el proceso, no dejes de hacer contacto conmigo y veremos qué hacer— la expresión en el rostro de Ramírez-Eva decía "pero por favor, no lo hagas."

Echó un vistazo a su reloj y dijo, —Ven, para mostrarte nuestras operaciones.

Al salir, paramos para que él dictara un breve memorándum para presentarme a sus gerentes. Asumí sin equivocarme que el memorándum estaría sobre el escritorio de cada gerente antes de que llegáramos. Entonces recordé las entradas.

—Aquí tengo, Ingeniero Ramírez-Eva, unas entradas que Jorge cree que le vendrán bien en Miami—Su secretaria levantó la vista, con entendimiento.

—Dale las gracias a Jorge, por favor. Es muy considerado. Y por favor, llámame Arnoldo.

—Déjame llevarte a recorrer los talleres donde procesamos el acero en productos estándar y especializados—dijo Ramírez-Eva. —Mañana, Fidel Pérez, mi gerente administrativo te asistirá en cuanto a las cuentas y cualquier otra información que necesites. Enviaré un automóvil para que te recoja a las 8:00 a.m.

Fuimos de taller en taller, o tal vez mejor es describirlos como cobertizos de acero que reverberaban, y cuidadosamente negociamos chatarra de acero y evitamos charcos. Ramírez-Eva se mostraba familiar con todos. Empezaba hablando de puntuaciones de béisbol y luego

correctly assumed it would be at each manager's desk before we got there. Then I remembered the tickets.

"Here, Mr. Ramírez-Eva, are some tickets Jorge thought you can use in Miami." His secretary looked up knowingly.

"Please tell, Jorge 'Thanks.' He's so thoughtful. And please call me Arnoldo."

"Let me give you a tour of the shops where we process the steel into standard products and custom products." Ramírez-Eva said. "Tomorrow, Fidel Pérez, my administrative manager, will assist you in finding whatever accounting and other information you need. I will send a car for you at 8:00 a.m."

We went from shop to shop, or perhaps they can be better described as reverberating steel sheds, carefully stepping over scrap steel and avoiding puddles. Ramírez-Eva had a natural rapport with everyone. He would start out discussing recent baseball scores and then he would introduce me to the foreman. The two of them would explain how the basic steel from Japan was fabricated into stock products or cut, bent, drilled and painted to special order.

We started at the steel structures plant, which cut imported I-beams and angle iron to length and drilled any required holes in them to make girders, trusses, and beams. These are the main structural elements of steel buildings so the beams were very heavy and had to be maneuvered by large cranes. Each finished beam was numbered with chalk or paint at each end so that where they joined together could be quickly determined on-site.

me presentaba al capataz. Ambos me explicaron cómo el acero básico llegado de Japón se transformaba en productos en serie o cortados, doblados, barrenados y pintados por orden especial.

Empezamos por la planta de estructuras de acero donde se cortaban vigas importadas y hierros angulados al largo preciso y se barrenaban los agujeros necesarios para vigas y cerchas. Estos eran los principales elementos estructurales para edificios de acero, por lo tanto las vigas eran muy pesadas y debían ser manipuladas por medio de grandes grúas. Cada viga terminada llevaba un número escrito con tiza o pintura en cada punta para que se pudiera determinar con rapidez en situ dónde debían unirse.

Después recorrimos el taller de hojas de metal donde se galvanizaban o se pintaban las hojas corrugadas, mayormente para techos. Las hojas planas eran enrolladas, cortadas y remachadas o soldadas para elaborar grandes tanques de almacenar. La planta de tuberías cortaba y roscaba tuberías de importación. La otra planta del complejo fabricaba mallas utilizando enormes carretes de alambre de acero galvanizado de importación.

Con estos productos básicos de acero importado casi terminado, Metasa lograba cumplir con el suministro necesario para la mayoría de las construcciones comerciales e industriales. Metasa también suministraba materiales relacionados como barras de refuerzo para concreto, remaches, tornillos, y varillas de soldadura.

Ramírez-Eva se enorgullecía de mostrar sus conocimientos sobre procesos y aplicaciones, y su

After that, we toured the sheet metal shop where corrugated steel sheets were galvanized or painted, mostly for roofing. Flat sheet was rolled, cut, and riveted or welded to make large storage tanks. The pipe plant cut and threaded imported straight pipe. The other plant at this complex was making chain-link fencing from huge spools of imported galvanized steel wire.

With these basic steel products made from semi-finished imported steel, Metasa could supply the basic steel needs of most commercial and industrial construction. Metasa also provided related supplies such as rebar for concrete, rivets, bolts, and welding rod.

Ramírez-Eva was proud to show his knowledge of the processes and applications, and his rapport with all the personnel involved, but I could see that he was anxious to move on. "Let's go to The Country Club—the nearest decent restaurant—for lunch," he said. "We have a company cafeteria, but I need to get away from people interrupting me." (Cell phones and pagers were not invented yet.)

We were off to a good start as two engineers walking the shops and discussing construction engineering. I think he saw me as a confidant in a way that none of his staff could be.

The waiter ushered us to a quiet indoor table looking out at the pool. A few women were watching their children playing and splashing in the water. Ramírez-Eva said, "Larry, you seem enchanted by Nicaragua. Are you embracing her? Can you see a future here?"

familiaridad con el personal, pero pude ver que estaba ansioso por seguir adelante.

—Vamos al Country Club—que tiene el mejor restaurante cercano—para almorzar—dijo—Tenemos una cafetería en la compañía, pero necesito salir para evitar interrupciones. (Los teléfonos celulares y los buscadores aún no se habían inventado.)

Habíamos comenzado bien como dos ingenieros revisando los talleres y hablando sobre la ingeniería de la construcción. Creo que me consideraba un confidente como ninguno de sus empleados podía serlo.

El camarero nos llevó a una mesa interior tranquila desde donde se veía la piscina. Unas mujeres cuidaban a sus niños mientras jugaban y chapoteaban en el agua. Ramírez-Eva dijo: —Larry, te ves contento. ¿Estás encantado con Nicaragua? ¿Te entregas a ella? ¿Puedes ver un futuro aquí?

—Muy buena pregunta—respondí—No tengo compromisos en los Estados Unidos. Creo que me quedaría si una buena oportunidad de negocios se me presentara.

—¿Y te gustan las muchachas aquí también?

Cuando soltero, diferentes versiones de esta pregunta era inevitable si conversaba con hombres de negocios a quienes conocí en sus países de origen.

—¡Sensacionales! —¿Que otra cosa podía decir?

En ese momento, creí ver a alguien en un grupo al otro lado del comedor tomando nuestras fotos con telefoto. Debo haberme estremecido.

"That's a good question," I answered. "I don't have any commitments in the States. I guess I might stay here if the right business opportunity came along."

"And you like the girls here, too?" When I was a bachelor, I found that some version of this question inevitably arose when conversing with businessmen I was getting to know in their countries.

"Sensational!" What could I say?

Just then, I thought I saw someone in a group across the room taking our picture with a telephoto. I must have squirmed.

"Don't worry, my friend," Ramírez-Eva said. "He's probably just a press photographer for the club."

We both ordered the special, listed as *Dover Sole Meunièr*, but probably a local fish, and Heineken beer. Ramírez-Eva saw that I was relaxed and he ventured into his topic. "I need a U.S. born and trained assistant— someone like Mr. Bruce at Sovipe. I was thinking you might be interested. There would be a lot of travel especially to Miami and Washington, but maybe also Japan and Europe. You pick a title."

My mind flashed *Consigliere*, but I said, "That's a lot to think about. We hardly know each other. Let's talk some more and see what develops."

Ramírez-Eva pressed on. He reached into his portfolio"Here's an interesting project where I think you could be helpful." He unfolded and flattened an architect's sketch of what appeared to be a two-story office building. There were six windows across on the long dimension and three across on the short dimension. The sketch showed it set back from the street by at least thirty meters.

—No te preocupes, amigo—dijo Ramírez-Eva—. Probablemente es un fotógrafo de prensa del club.

Ambos pedimos el plato especial, lenguado de *Meunièr*, que probablemente era un pescado local, y cerveza Heineken. Ramírez-Eva me vio relajado y se aventuró al tema. –Necesito un asistente nacido y entrenado en los Estados Unidos, alguien como el Señor Bruce en Sovipe. He estado pensando que tal vez tú pudieras estar interesado. Esto supone muchos viajes, especialmente a Miami y a Washington, pero tal vez también a Japón y Europa. Tú escoges un título.

Consigliere pasó como un bólido por mi mente, pero dije—Es algo que hay que pensar bien. Apenas nos conocemos. Hablaremos sobre esto y veremos cómo se van desarrollando las cosas.

Ramírez-Eva presionó. Buscó en su portafolio. –Esto es un proyecto interesante en el cual creo que serías una gran ayuda—. Desplegó un borrador de arquitecto de lo que parecía ser un edificio de oficinas de dos plantas. Había seis ventanas a todo lo largo y tres a corta dimensión. El borrador lo mostraba adentrado desde la calle unos treinta metros cuando menos.

—Lo que te voy a decir ahora es estrictamente confidencial y no tiene nada que ver con tu estudio de CNI, pero pensé que sabrías apreciar la forma en que he aprovechado esta oportunidad—Ramírez-Eva dijo por lo bajo.

—Desde luego que no se lo voy a decir a nadie, no importa lo que suceda—dije.

—Bien—dijo—Esto es las oficinas con armazón de acero de un banco local para el cual íbamos a suministrar

"Now what I'm going to tell you is strictly confidential and has nothing to do with your CNI study, but I thought you would appreciate how I have seized this opportunity," Ramírez-Eva said in a lowered voice.

"Certainly, I'm not going to tell anybody, no matter what happens," I said.

"Good," he said. "This is a steel frame local bank building for which we were going to be the steel supplier. They are in trouble. It's ironic! They are a bank and they are having trouble finding construction financing. Once it is built, they should have no trouble getting a mortgage. As you know, or will quickly learn, credit is very tight right now in the construction industry, and many good projects that could be customers for our steel have been postponed or canceled."

"This is intriguing, Arnoldo," I said, trying to be supportive, "but why are you interested in this particular project?"

"I'm not sure, Larry," he said, his eyes looking from side to side. "I guess everyone wants financial security as they grow older, and real estate has always been a good way to invest for the long term. Perhaps I could lease the building to the bank so they get their building and I get a cash flow. Or if Hilda sees possibilities with it, maybe we can use it as our next house."

He thought for a moment and then added, "And, you know, we are getting more concerned about the Sandinistas. In response, the Somoza brothers, Luis and Tachito—think of them and all that surrounds them as the Somoza System—are seeking my advice more and more about dealing with the revolutionary threat by

el acero. Tienen problemas. ¡Es irónico! Es un banco y no puede encontrar ayuda financiera para su construcción. Una vez que sea construido, les será fácil obtener amortización. Como sabes, o sabrás muy pronto, el crédito está difícil de conseguir en estos momentos para la industria de la construcción, y muchos buenos proyectos que pudieran representar clientes en potencia para nuestro acero han pospuesto o cancelado.

—Esto me intriga, Arnoldo—dije, tratando de apoyarlo—pero ¿por qué estás interesado en este proyecto en particular?

—No estoy seguro, Larry—dijo, mirando de un lado a otro.—Creo que todos buscan seguridad económica a medida que pasa el tiempo, y los bienes raíces siempre han sido un buen modo de invertir a largo plazo. Tal vez puedo arrendarles el lugar para que puedan tener el edificio y así me llega el efectivo. O si Hilda le ve posibilidades, tal vez lo podemos usar para nuestra próxima vivienda.

Pensó por un momento y añadió: —Sabes, nos preocupan los sandinistas. Como respuesta, los hermanos Somoza, Luis y Tachito—debes pensar que ellos, y todo lo que los rodea son el Sistema Somoza—buscan mi consejo con más frecuencia para bregar con la amenaza revolucionaria por medio de la incorporación de soluciones económicas. Creo que es el modo de mantener el control del país. El ejército no es suficiente. La estrategia económica también trae mucha ayuda americana, y estoy seguro de que tú puedes ser muy útil en cuanto a esto.

Cuando volvimos nuestra atención al pescado, que se enfriaba, un camarero trajo un teléfono blanco en una

incorporating economic solutions. I think that is ultimately how we keep control of the country. The army alone is not enough. The economic strategy also brings in a lot of American aid, and I am sure you can help out there."

As we both turned our attention to the fish, which was getting cold, a waiter brought over a white phone on a silver plate. Ramírez-Eva picked up the phone. "It's Luis," he said to me while lighting a cigarette. This was probably nothing, but I couldn't help but notice as he lit his cigarette that USS in a round circle was engraved on the gold lighter. He waved me off and I left to catch a cab to my hotel.

bandeja de plata. Ramírez-Eva lo tomó. -Es Luis—dijo, mientras encendía un cigarrillo. No pude evitar notar que su encendedor de oro tenía USS grabado dentro de un círculo. Me despidió con un gesto de su mano, me fui a buscar un taxi para regresar a mi hotel.

8
ANÁLISIS DE METASA

Durante mi segunda visita a Metasa, vagué por el lugar, hablando con gerentes y administradores. Iba acompañado de Fidel Pérez, a quien Ramírez-Eva había asignado para asistirme. Cada persona que visité me mostró un organigrama. Al hacerlo, todos tenían una expresión de "Bueno, esto es todo lo que necesitas saber. Y ésta es mi posición en el organigrama." El significado que interpreté fue "Cuando conoces tu lugar, todo lo demás le sigue. No hagas olas." En realidad, la gente que entrevisté fue muy útil al producir la información sobre las cuentas y las estadísticas que les pedí, pero no tenían costumbre de divulgar ninguna opinión o idea, ni siquiera en el área de su experiencia y responsabilidad. La respuesta siempre era, "Habla con el jefe." El "jefe" era un término indefinido que podía aludir a desde su supervisor directo hasta el propio Ramírez-Eva.

El gran problema financiero que emergió de todas mis discusiones y análisis era que Metasa no generaba suficientes ingresos para pagar sus deudas. Cada mes que pasaba, se endeudaba más. Los gastos de interés en 1965

8
ANALYSIS OF METASA

On my second visit to Metasa, I roamed around talking to managers and administrators. I was accompanied by Fidel Pérez who Ramírez-Eva assigned to assist me. Every person I visited produced his organization chart. As they did so, they all had the look of "Well here's all you need to know. And here is where I am on the chart." I interpreted this to mean, "When you know your place, all else follows. Don't rock the boat." Actually, the people I interviewed were quite helpful in producing the accounting and statistical data I requested, but they weren't accustomed to volunteering any opinions or ideas even in their own area of responsibility and expertise. The answer always was, "Talk to the boss." The "boss" was an indefinite term referring to anyone from their direct supervisor to Ramírez-Eva himself.

The big financial problem that emerged from all my discussions and analysis was that Metasa was not generating enough income to pay its debts. With each passing month, it was ever deeper in debt. Interest expense in 1965 was $200,000 per year (over one million annually in

era de $200,000 al año (más de un millón de dólares en 2016) o 40% de su lucro. Los bancos no le prestaban más dinero a Metasa, y a CNI le concernía el que ya le había prestado demasiado a Metasa.

El aumento de precios no era una solución viable. Metasa tenía un competidor un cuarto de su tamaño, Tamenic, dirigido por un hábil empresario que operaba con poco personal. Mantenía los precios bajos hasta el fondo. Además, los productos de Metasa tendían a ser de una calidad inferior. Por ejemplo, las paredes de las tuberías estaban por debajo del grosor especificado, y por lo tanto eran difíciles de roscar. Debido a ello, Metasa no podía exigir precios de alta calidad. Su gerencia letárgica e inefectiva no hacía nada por solucionar sus problemas con la calidad de sus productos.

La mala situación financiera no era totalmente culpa de Metasa. El crédito estaba difícil de obtener en toda la industria constructora. Los dueños de los edificios alargaban los pagos de los contratistas constructores. Los contratistas alargaban los pagos a proveedores como Metasa.

El problema iba en aumento para Metasa. Tenían que comprar acero muy por adelantado. Sus pedidos debían ser puestos en un horario por sus proveedores japoneses, y una vez fabricados, debían ser fletados a través del Oceano Pacífico. Peor aun, Metasa tenía que comprar una variedad de inventario de acero porque no sabían con anticipación qué productos de acero sus clientes pedirían. Como eran lentos para pagar a sus proveedores japoneses, este gran inventario llevaba mucho gasto de interés.

2016 dollars) or 40% of their profit. Banks would not lend Metasa more money, and CNI was concerned that it had already loaned too much to Metasa.

Raising prices was not a viable solution. Metasa had a competitor about one-quarter its size, Tamenic, run by a deft entrepreneur who operated with almost no staff. He kept prices at rock bottom. Furthermore, Metasa's products tended to be of lower quality. For example, their pipe walls often were below specified thickness, so they were difficult to thread. Therefore, Metasa could not successfully demand premium quality pricing. Their lethargic, ineffectual management would do nothing about their product quality problems.

The bad financial situation was not all Metasa's fault. Credit was very tight all through the construction industry. Building owners would stretch out payments to construction contractors. In turn, contractors would stretch out payments to suppliers like Metasa.

The problem was magnified for Metasa. They had to buy steel far in advance. Their orders had to be scheduled into production by their Japanese suppliers and once manufactured, had to be shipped across the Pacific Ocean. Even worse, Metasa had to buy a variety of steel inventory because they didn't know ahead of time what steel products their customers would order. Because they were slow in paying their Japanese suppliers, this large inventory ran up high interest costs.

To gain some perspective on the management of Metasa, I decided the time was right to interview Don Gabriel Ramos, the general manager of Talleres Metalúrgicos de

Para obtener perspectiva en cuanto a la administración de Metasa, decidí que era hora de entrevistar a Don Gabriel Ramos, el gerente general de Talleres Metalúrgicos de Nicaragua (Tamenic), el único competidor de Metasa. Solo por su apariencia exterior, se veía la diferencia entre ambas compañías. Metasa estaba en medio de un atractivo suburbio y las oficinas administrativas estaban en un edificio moderno.

Tamenic, por otra parte, estaba escondido entre talleres burdos en una sección industrializada de Managua. No tenía salas de espera ni accesorios ni personal refinado. En el camino hacia la oficina del gerente general, había que cuidarse de no tropezar con pedazos de acero, equipo de soldadura, y algún que otro perro dormido.

La organización física y laboral de Tamenic representaba el modo de administración de Don Gabriel Ramos, que era espontáneo, como un niño jugando en la arena. Era un hombre que había llegado por sus propios esfuerzos a ser el propietario, gerente general, ingeniero jefe, guru mercantil, y vicepresidente de finanzas, todo en uno. Por un lado le gustaba cuando la gente usaba el título honorario de "Don" con su nombre, y por otro lado siempre hacía que le trajeran el almuerzo a su oficina. No le interesaba el Country Club, pues decía que era una pérdida de tiempo y dinero con el propósito de ostentar. Al igual que Ramírez-Eva, prefería vestir pantalones ligeros y guayabera.

Ciertamente, Tamenic no era una operación ni siquiera parecida a un establecimiento de familia. Ramos tenía casi mil empleados. De algún modo, ganaba dinero sin caer en

Nicaragua (Tamenic), their only major competitor. Just by their outward appearances, one could tell they were different companies. Metasa was in an attractive suburban setting and the administration offices were in a modern building.

Tamenic, on the other hand, was ensconced in rambling shops in a heavily industrialized section of Managua. It had no waiting room for visitors, and no sleek appurtenances and personnel. In finding one's way to the general manager's office, one had to take care not to become tangled in steel sections, welding equipment, and maybe a sleeping dog.

The physical and working organization of Tamenic represented the spontaneous, child-in-a-playpen, mode of management style of Don Gabriel Ramos. He was a self-made made man who was the owner, general manager, chief engineer, marketing guru, and vice president of finance all rolled into one. While on one hand, he glowed when people used the honorific title "Don" with his name; on the other hand, he always had lunch sent to his office. He had no use for The Country Club lunch, saying that it was a waste of time and money merely used for self-aggrandizement. Like Ramírez-Eva, he preferred to dress in light slacks and guayabera shirt.

To be sure, Tamenic was not a family store operation. Ramos had almost a thousand employees. Somehow, he made money without incurring significant bank debt. He owned the entire company.

Ramos knew I was studying Metasa—there seemed to be no secrets in the local business community—but he didn't worry about the possibility of my conveying

ninguna deuda bancaria significativa. Era propietario de la compañía entera.

Ramos sabía que yo estaba estudiando a Metasa—parecía no haber secretos en la comunidad local de negocios—pero no le preocupaba la posibilidad de que yo comunicara información confidencial a Ramírez-Eva.

—Arnoldo es bienvenido por aquí cuando quiera para echar un vistazo. Disfrutaríamos de un intercambio de cuentos, pero está demasiado atrapado en su jaula para hacer nada con lo que pueda aprender aquí—dijo Ramos.

Ramos tenía sesenta años, era veintidós años mayor que Ramírez-Eva, con lo que era indudablemente más sabio debido a toda su experiencia. Su camino hasta la fundación de Tamenic tuvo varios zig-zags.

—No vengo de una familia adinerada —me dijo. — Aprendí inglés leyendo el *National Geographic* y a la vez aprendí sobre lugares lejanos y fascinantes. La revista era gratis si se leía en la biblioteca. No había quien me mandara a los Estados Unidos a estudiar, así que obtuve mi título de ingeniero en la modesta universidad pública de mi nativa Costa Rica.

—¿Desde allí vio su oportunidad en la industria de la construcción?—pregunté.

—No, —respondió Ramos—mi primer trabajo, lo creas o no, fue de gerente de una sucursal en un pequeño banco. Puedes decir esto de Centroamérica: con educación y ambición, uno puede hacer casi cualquier cosa.

—¿Entonces probó suerte en Nicaragua?—pregunté.

—No, —dijo—Un buen amigo, un cura de iglesia, organizó para mí la oportunidad de manejar una cooperativa agropecuaria para los descendientes de

confidential information to Ramírez-Eva. "Arnoldo is welcome to come over here anytime and look around," Ramos said. "We can have some fun telling stories, but he's too trapped in his cage to do much about anything he might learn here."

Ramos was sixty years old, twenty-two years older than Ramírez-Eva, and so he was undoubtedly wiser through all his experience. His path to the founding of Tamenic had several zigs and zags.

"I didn't come from money," he told me. "I learned English from reading the *National Geographic* while learning about fascinating places far away. The magazine was free if you read it at the library. There was nobody to send me to the States to school, so I received my engineering degree from the mostly free public university in my native Costa Rica."

"So from that did you see an opportunity in the construction industry?" I asked.

"No," Ramos replied, "my first job, believe it or not, was as a branch manager of a small bank. You can say this for Central America: with education and ambition, you can do almost anything."

"So then did you try your luck in Nicaragua?" I asked.

"No," he said. "A close friend—a priest in the church— arranged for me to manage a farming cooperative for the descendants of African slaves on the Atlantic coast. It was very satisfying, but when success seemed assured, I moved to Nicaragua, which at that time seemed to be the land of opportunity. U.S. and other foreign aid and experts were pouring in, and the Big Guy, Luis Somoza, seemed to be doing a good job running things."

esclavos africanos en la costa atlántica. Fue algo muy satisfactorio, pero cuando el éxito parecía asegurado, me mudé a Nicaragua, que en aquél entonces parecía ser la tierra de las oportunidades. Los americanos y otros expertos en ayuda extranjera se aglomeraban, y el hombrón, Luis Somoza, parecía estar haciendo un buen trabajo dirigiéndolo todo.

Ramos tomó sorbos del café que había sido traído minutos atrás y discutió proyectos y problemas con algunos de sus empleados, que hacían fila, esperando un momento con él. Se convirtieron en parte de su audiencia cuando empezó a contarme su historia.

—Operamos más desde una base mercantil que como una firma de fabricación. —Hablaba en inglés, y estaba complacido con su selección de palabras.—Compramos acero de los mismos japoneses hijos de mala madre que usa Ramírez-Eva, pero los hacemos fabricarlo en una forma más refinada. En muchos casos lo pasamos directamente al cliente. Añadimos a la satisfacción del cliente ofreciendo más equipo de armazón en situ que Metasa, como grúas y otros equipos pesados.

Pensé sobre lo que había dicho Ramos mientras prestaba atención a la firma de cheques. *Esta es una persona muy capáz que ha probado cosas y aprendido por el camino, y la compañía de estructuras de acero Tamenic es su última parada. Ramírez-Eva también es una persona capaz, pero parece que considera Metasa como su primera parada.*

Ramos se dio la vuelta y, con una sonrisa cansada, preguntó —¿Hay algo más?

Decidí tirar las precauciones al viento y pregunté, —¿Qué hay de los sandinistas? ¿Van a ocuparlo todo?

Ramos sipped his coffee, which had just been brought in, and discussed projects and problems with some of his employees who were lining up, each waiting for their moment with him. They became part of his audience as he started in again telling his story to me.

"We operate more on a mercantile basis than as a manufacturing firm." He was speaking in English and he was pleased with his choice of words. "We buy our steel from the same Japanese bastards that Ramírez-Eva does, but we have them manufacture it in more finished form. In many cases, we just move it on to the customer. We increase customer satisfaction by offering more on-site assembly equipment than Metasa does, such as cranes and other heavy equipment."

I thought about what Ramos said, as he turned his attention to signing checks. *This is a very capable person who has tried things and learned along the way, and the steel structures company Tamenic is his last stop. Ramírez-Eva is also a very capable person but it looks like he perceives Metasa to be his first stop.*

Ramos swiveled around and, with a tired smile, asked, "Is there anything else?"

I decided to throw caution to the winds, and asked, "What about the Sandinistas? Are they going to take over?"

"Well, they probably will take over Metasa first, because it is so well-known and is an icon of the new industrial production. Also, they will get great satisfaction from taking it away from the Somozas," he said.

Ramos straightened up with renewed strength and added, " If it would be best for the development of the

—Bueno, probablemente se apoderarán de Metasa primero, por ser tan bien conocida y un icono de la nueva producción industrial. Además, tendrán la satisfacción de quitársela a los Somoza, —dijo.

Ramos, con renovada energía, añadió, —Si va a ser lo mejor para el desarrollo del país, yo apoyaría al socialismo ardientemente. ¿Te unirías?—sus ojos brillaban.—¡Si yo fuera joven de nuevo! ¡Nos uniríamos a una brigada libertadora!

Acordamos encontrarnos pronto de nuevo. A mi salida me entregó un volumen de la obra del poeta y periodista cubano, José Martí, y dijo—nunca olvides las palabras de Martí: "Libertad es el derecho que tiene todo hombre a ser honrado y de pensar y de hablar sin hipocresía." Nunca volví a ver a Don Gabriel Ramos.

Regresé al hotel y me encontré con Ana. Salimos a almorzar con calma en un pequeño lugar de cuatro mesas que encontré a la vuelta de la esquina. Era agradable verla y hablar de los eventos. Hice un sumario de mi mañana en Tamenic. Ella dijo, —¿Crees que los japoneses son la clave de todo el misterio?

—¿A qué te refieres?—pregunté.

—Parecen ser los proveedores dominantes para ambos Tamenic y Metasa. Los japoneses pueden poner uno en contra del otro, o pueden apoderarse de cualquiera de las dos compañías. Tal parece que Ramos está jugando las cartas con más agudeza.

—Tienes razón. Y sabes, por lo que veo puede que te guste trabajar en esta industria tan batallada, —dije. Ella

country, I would be an ardent supporter of socialism. Would you join me?" His eyes glowed. "If I were young again! We could join a freedom brigade!"

We agreed to meet again soon. On my way out he handed me a volume of the writings of the Cuban poet and journalist, José Martí, and said, "Never forget Martí's words: 'Liberty is the right of every man to tell the truth, to think and to speak without hypocrisy.'" I never saw Don Gabriel Ramos again.

I returned to the hotel where Ana joined me. We went out for a leisurely lunch at a quiet little place with four tables that I had found around the corner. It was good to see her and talk over things. I summarized my morning at Tamenic. She said, "Do you think the Japanese are the key to the whole mystery here?"

"What are you getting at?' I asked.

"They apparently are the dominant suppliers to both Tamenic and Metasa. The Japanese can play them off against each other, or they can take over either company. It looks like Ramos is playing his cards smarter."

"You're right. And, you know, from what I can see you might actually enjoy working in this rough and tumble industry," I said. She smiled, and I thought the idea appealed to her at least momentarily.

Ana's observations agreed with my emerging conclusions. Having an independent view of someone not deeply involved in my project was reassuring and helped me maintain my perspective. Feeling it had been shaping up to be a good day, I said, "Let's have another Margarita." We did, and it was delicious, tangy and sweet

sonrió, y me pareció que le había gustado la idea de momento.

Las observaciones de Ana concordaban con mis emergentes conclusiones. Una visión independiente de alguien que no está envuelta en mi proyecto me daba seguridad y me ayudó a mantener mi perspectiva. Sintiendo que el día había empezado muy bien, dije, — Tomemos otra Margarita. — Era deliciosa, dulce y con cierta acidez, tal vez la mejor de todas.

No sé cuánto tiempo estuvimos en ese sereno lugar, pero de pronto me di cuenta de que iba a llegar tarde para mi cita en Metasa. Encontré a mi chofer jugando a las damas con amigos frente a una pequeña tienda cercana. Nos fuimos a Metasa. Pregunté por Fidel Pérez. Me esperaba y me llevó a su oficina.

—¿Estás terminando tu investigación?—Preguntó.

—Sí. Se me hace más claro el panorama, —dije—Por el momento, al menos, hay una sola cosa más que quiero preguntarte.

—Adelante. Lo que quieras saber.

—Veo que ustedes constantemente se han ido quedando atrás en cuanto a los pagos a los proveedores de acero japoneses, C. Itoh & Co. ¿No crees que deben completar esos pagos antes de empezar un proyecto nuevo?

—Personalmente estoy de acuerdo contigo, pero hay que seguir la visión de Ramírez-Eva. Nos ha traído hasta aquí, y tiene la aprobación del propio jefesote, —Pérez dijo, refiriéndose a Luis Somoza, el dictador y el presidente de la junta de Metasa.

—maybe the best ever.

I don't know how long we spent at that sleepy spot, but suddenly I realized I would be late for my appointment at Metasa. I found my CNI driver playing checkers with friends in front of a small store nearby. We drove out to Metasa. I asked for Fidel Pérez. He was expecting me and showed me into his office.

"Are you finishing up your research?" He asked.

"Yes, I am getting a clear picture now," I said. "For the moment, at least, there's just one more thing I want to ask you."

"Go ahead. Whatever you would like to know."

"I see that you have been constantly falling behind in your payments to your Japanese steel suppliers, C. Itoh & Co. Don't you think you should catch up on these payments before you start new projects?"

"Personally, I agree with you, but we have to follow the vision of Ramírez-Eva. He got us this far, and he has the approval of the big boss himself," Pérez said, referring to Luis Somoza, the dictator, and the president of the board of Metasa.

"Well, what are the numbers?" I asked. Pérez seemed to be stalling at first, but then he decided to reveal the truth.

"As you probably know, as Metasa falls further behind in payments, the Japanese exchange that debt for shares in the company. Right now, they own 16% of our stock, and that is why they have a man on our board. They are squeezing tighter. They have a contractual clause with us

—Y bien, ¿los números?—pregunté. Pérez parecía estar arrastrando los pies. Pero entonces decidió revelar la verdad.

—Como probablemente sabes, mientras Metasa se atrasa en los pagos, los japoneses cambian esa deuda por acciones en la compañía. En estos momentos tienen un 16% de nuestros valores, y por eso tienen un hombre en nuestra junta. Están apretando más. Tienen una cláusula en su contrato con nosotros que dice que después de julio de 1967, debemos garantizarles un 10% del retorno de su inversión en Metasa.

Después de descargar ese peso, Pérez se relajó y continuó, —No sé lo que te habrá dicho Ramírez-Eva, pero parece inevitable que los japoneses vayan a poner un segundo hombre en una junta de cuatro. Esto será vergonzoso para los Somoza y posiblemente el fin de Ramírez-Eva en Metasa.

—¿Cómo es que no compran el acero de una fuente posiblemente más amistosa, como U.S. Steel (USS)?

—Se ha hablado de eso, pero se adhieren estrictamente a sus reglas de crédito. Una de ellas es que si el comprador tiene poco puntaje de crédito, deben pagar en efectivo por cada pedido, —dijo Pérez.

—¿No pueden obtener respaldo bancario? El U.S. Export-Import Bank (Exim Bank) es para estas situaciones. Pudieran asegurar la mayor parte del financiamiento y así el banco se expone a un riesgo mínimo, —sugerí.

—Nuestro crédito es demasiado pobre hasta para el Export-Import Bank—respondió Pérez, abatido.

—¿Debo informar a Jorge Montealegre en CNI?— pregunté.

that after July, 1967, we must guarantee them a 10% return on their Metasa investment."

Having unloaded that heavy burden, Pérez relaxed and went on, "I don't know if Ramírez-Eva has told you, but it seems inevitable that the Japanese will put a second man on the board of four. This will be very embarrassing for the Somozas and possibly the end of Ramírez-Eva at Metasa."

"Why couldn't you buy your steel from a possibly more friendly source, such as U.S. Steel (USS)?"

"There have been such talks, but U.S. Steel adheres strictly to their sales credit policies. One is that if the buyer has a bad credit rating, it's cash with the order," Pérez said.

"Couldn't you get bank financing for this? The U.S. Export-Import Bank (Exim Bank) was set up for this situation. They could insure most of the financing so that the financing bank would be exposed to minimal risk," I suggested.

"Our credit is too bad even for the Export-Import Bank," Pérez replied dejectedly.

"Should I tell this to Jorge Montealegre at CNI?" I asked.

"He probably already knows this, but it won't hurt to clear away the suspicions and rumors."

"Yes, I will probably put it in my report," I said.

"Other than that, you should know that Arthur D. Little (ADL), the American consulting firm, is finishing their study of Metasa," Pérez said. "They have been looking for operational inefficiencies and found some here.

—Probablemente ya lo sabe, pero no está de más aclarar la sospecha y los rumores.

—Sí. Lo voy a incluir en mi reporte, —dije.

—Fuera de eso, debes saber que Arthur D. Little (ADL) la firma consultora americana, está terminando su estudio de Metasa, —Pérez dijo.—Han estado buscando ineficiencias en las operaciones y han encontrado algunas. Por ejemplo, recomendaron que cambiáramos los procedimientos del almacén.

Pensé, *Ramírez-Eva empleó a ADL para mostrarle al mundo el magnífico trabajo que está haciendo.*

—Debes venir mañana cuando Ramírez-Eva va a anunciar algo a sus empleados. Puede ser interesante, — Pérez dijo, mientras limpiaba su escritorio al final del día.

—Gracias por alertarme, definitivamente estaré allí, — dije. La oficina de Ramírez-Eva ya me había enviado una invitación, recalcando que yo era uno de los pocos invitados que no era uno de sus empleados.

For example, they recommended that we change our warehousing procedures."

I thought, *Ramírez-Eva hired ADL to show the world what a great job he's doing.*

"You should come tomorrow when Ramírez-Eva will make an announcement to the employees. It should be interesting," Pérez said as he cleaned up his desk for the day.

"Thank you very much for alerting me, I definitely will be there," I said. Ramírez-Eva's office had already sent me an invitation, noting that I was one of the few non-employees invited.

9
REVELACIONES INESPERADAS

Decidí no regresar al hotel de inmediato. Ana estaba fuera de la ciudad, y mi chófer no parecía tener ningún apuro por regresar. Al cruzar el lobby del edificio administrativo de Metasa, noté lo callado que estaba todo. No había más que un guardia. Al pasarle por delante, dije, —¡Buenas Tardes!—y él sonrió. Hizo un gesto para que me le acercara, y me alargó un volante sobre la Comunidad de Trabajadores de Metasa, diciendo, —Él va a anunciar esto mañana, pero tengo el día libre, así que mi jefe me dio unos cuantos para leer y compartir.

— Muchas gracias, —asentí con una sonrisa de aprecio—Estoy con los derechos para los trabajadores, —y él sonrió y asintió con igual reconocimiento.

En realidad sonreí porque con ésta información podía evitar venir al día siguiente. No veía la necesidad de hablar con Ramírez-Eva de nuevo si es que lograba alcanzarlo por unos minutos. Pero no podía entender por qué Fidel Pérez no pudo haberme dado uno de los volantes, o al menos una fotocopia. Tal vez estaba avergonzado por el proyecto

9
UNEXPECTED REVELATIONS

I decided not to go right back to my hotel. Ana was out of town, and my driver didn't seem to be in any hurry to return. As I was passing through the lobby of the Metasa administration building, I noticed how quiet it was. No one was there except a guard. "Good evening!" I said as I passed him, and he smiled. Then he beckoned me over and handed me a flyer about The Metasa Workers' Community, saying, "He's going to be announcing this tomorrow, but I'm off then, so my boss gave me some of these to read and hand out."

"Thank you very much," I nodded and gave him my most appreciative smile. "I'm all for workers' rights," and he smiled and nodded as well in appreciation.

Actually, I smiled because with this information I could avoid coming all the way out here again the following day. I didn't see a great need to talk to Ramírez-Eva again if indeed I could get his attention for a few minutes. But I couldn't understand why Fidel Pérez could not have given me one of these flyers or even a photocopy of one. Maybe he was embarrassed about the proposed

propuesto, o tal vez sintió que era desleal hacia el Jefe al divulgar ésta información un día antes del anuncio oficial.

Encontré a mi chófer esperando y le mostré el volante. Apenas sabía leer, por lo tanto le expliqué que iba a haber un proyecto de vivienda de 300 unidades en el área para trabajadores. Tendría tiendas, una escuela, una clínica, y un servicio de autobús al complejo de Metasa.

—Será conveniente para muchos que no pueden costearse un auto para recorrer 30 kilómetros desde la ciudad. Pero este lugar no va a tener la animación y las oportunidades de la ciudad.—Razonó. Tras rumiar un rato, preguntó, —¿Quién va a pagar por esto?

—No lo sé, —respondí, —De veras que no lo sé.

—Nunca lo van a construir, —dijo el chófer con énfasis.—Probablemente se trata de un truco publicitario para embestir contra el sindicato y hacer a Ramírez-Eva aun más popular.

La sabiduría de la gente se hacía oír.

No creo que me voy a preocupar, o recalcarlo en mi reporte, pensé.

Le pregunté al chófer si quería algo de comer ya que se estaba haciendo tarde. Asintió de inmediato y paramos en un establecimiento de carretera que era un complejo de restaurante, bar, y gasolinera cerca de Metasa. Era popular entre los camioneros de larga distancia de Metasa después de conducir todo el día y justo antes de dejar sus camiones.

Estaba oscureciendo y lloviznaba ligeramente. El restauranteparecía repleto y no habría donde sentarse, con lo que le pedí al chófer que entrara por una bandeja de la cena especial y un par de cervezas, y yo me quedaría en el auto. Él se apuró, y yo me quedé mirando los riachuelos de

project, or maybe he felt it was disloyal to the Boss to disclose this information a day before the official announcement.

I found my driver waiting and I showed him the flyer. He could barely read it, so I explained that there would be a 300 unit housing project in this area for workers. It would have stores, a school, a clinic, and free bus service to the Metasa complex.

"It will be good for many people who can't afford cars to drive the thirty kilometers from town. But this place won't have the excitement and opportunities of living in the city," he reasoned. After mulling it over for a while, he asked, "Who is going to pay for this?"

"I don't know," I answered. "I really don't know."

"They will never build it," the driver was emphatic. "It's probably a publicity trick to fight the union and to make Ramírez-Eva even more popular."

The wisdom of the people had spoken.

I don't think I will worry about it or make a big issue of it in my report, I thought.

I asked the driver if he would like something to eat since it was getting late. He readily agreed and we stopped at a roadside restaurant, bar, and gas station complex near Metasa. It was popular with long-distance truckers who had driven all day before leaving off their trucks.

Darkness was setting in and it was raining lightly. The restaurant looked packed and there would be no place to sit, so I asked my driver to go in, get a tray of the dinner special and a couple of beers, and I would watch the car. He hurried off, and I sat for a while watching the rivulets of water form and then run down the windshield.

agua que se formaban para luego descender por el parabrisas.

Mientras observaba sin mucho interés varios camiones estacionados a unos cuarenta metros a mi izquierda, me fijé en uno de superficie plana con una lona, y "Metasa" en la puerta. El camión parecía llevar una carga de mucho bulto, tal vez grava o herramientas. Sentí curiosidad a causa de un asunto que yo había observado al analizar los costos de transporte y flete de Metasa, y era que el archivo mostraba que los camiones a menudo regresaban vacíos de países vecinos. Por ejemplo, ¿por qué no podían traer el acero importado del puerto en El Salvador en estos camiones o de algún modo hacer dinero con alguna carga al regreso? Nadie parecía tener una respuesta cuando yo mencionaba el asunto.

Como el chófer del camión de Metasa estaba evidentemente comiendo dentro, y mi chófer estaba esperando por el pedido, fui hasta el camión de Metasa. La larga superficie plana podía cargar vigas de acero. Miré a mi alrededor, y todo estaba quieto excepto por la lluvia y el ruido de la carretera. Tímidamente levanté la lona por un lado y me asomé. ¡Dios mío! Había un sinfín de filas de armas—mayormente rifles de asalto—sujetados por cables delgados entretejidos entre ellos. Figuré que había varios cientos de rifles.

Coloqué la lona tal y como la había encontrado y me apuré de regreso al auto justo cuando mi chófer regresaba con una mugrienta caja de comida, y cerveza. —Estás mojado, —observó. —Tuve que hacer pis —respondí, sin tener que explicar más a quien ha visto un servicio de hombres en una parada de camiones nicaragüense.

As I gazed idly at a few trucks parked about forty meters to my left. I fixed on one, a flatbed with a tarp, and "Metasa" on the door. The truck seemed to have a lumpy load—maybe some gravel and tools. I grew more curious because an issue I raised in analyzing Metasa's freight transportation costs was that the records showed that the trucks were often returning empty from neighboring countries. For example, why couldn't they bring back the imported steel from the port in El Salvador in these trucks or otherwise make money on the backhaul? No one seemed to know the answer whenever I brought up the subject.

Since the Metasa truck driver evidently was inside eating, and my driver was waiting for our order, I walked over to the Metasa truck. It had a long flatbed that could carry steel girders. I looked around, and all was quiet except for the rain and the highway traffic noise. I timidly raised the tarp on one side and peeked in. "¡Dios mío!" There was an endless low pile of weapons—mostly assault rifles—held in place by thin cables woven through them. I guessed there were several hundred rifles.

I secured the tarp back to where it was and hurried back to the car just as my driver was returning with a grimy box of food and beer. "You're all wet," he observed. "I had to piss," I answered, which needed no further explanation to anyone who has seen a men's room at a Nicaraguan truck stop.

I rolled around in my bed in the hot and clammy night. *Whose operation is this? The Somozas? The CIA? Why should I get involved or say anything to anyone about it? Maybe*

Di vueltas en la cama en la calurosa y húmeda noche. *¿De quién es la operación? ¿De los Somoza? ¿De la CIA? ¿Por qué razón habría de meterme o decir nada a nadie sobre éso? ¡Tal vez todos saben!* A eso de las 8:00 a.m. llamé a Ana desde el teléfono de los inquilinos en el escritorio de la recepción. De primeras estaba medio despierta e irritada por la llamada, pero en cuanto notó la urgencia y emoción en mi voz, dijo que llegaría al hotel en media hora.

A pesar de la prisa, se acicaló para lucir atractiva, y su sonrisa me distrajo de la recurrente imagen en la parada de camiones. Tomamos una mesa apartada para poder hablar mientras tomábamos el café con leche y el pan dulce complementarios. Después de que le expliqué lo que había visto, Ana sonrió un poco y pareció aliviada.

—Hace como un mes estuve visitando amistades cerca de la frontera con El Salvador, —recordó, —Vimos camiones de Metasa regresando con cargas misteriosas debajo de las lonas. Se hablaba en el café del pueblo que estaban transportando armas. Nadie pareció preocuparse.

—¿Quién crees que pueda estar recibiendo esas armas?—pregunté, ya que Ana era la única persona con conocimiento local con quien creía poder hablar en confianza.

—Luis Somoza, —susurró, mirando con cuidado a su alrededor. -Él fue quien facilitó la invasión de Bahía de Cochinos contra Castro al dejarles usar nuestro Puerto Cabezas hace unos cuatro años.

—Tiene sentido, —dije—y no hay que olvidar que Luis Somoza es el presidente de la junta de Metasa.

Aunque habíamos imaginado una fácil solución a la cuestión del transporte de armas, empecé a pensar en

everyone knows about it! Around 8:00 a.m. I called Ana from the guest phone on the front desk. At first, she was half awake and irritated that I called, but when she sensed the urgency and emotion in my voice, she said she would be over to my hotel in half an hour.

Despite the rush, she made some effort to look attractive, and her smile distracted me from my recurring remembrances at the truck stop. We took a table away from the few other people so we could talk while having the complementary *café con leche* and *pan dulce*. After I explained the whole scene, Ana smiled a little bit and looked relieved.

"About a month ago when I was visiting friends near the El Salvador border crossing," she recalled, "we saw Metasa trucks returning with mysterious cargo under the tarps. Talk at the village café was that they were hauling arms. Nobody seemed concerned."

"Who do you think might be the recipient of these arms?" I asked, since Ana was the only person with local knowledge with whom I thought I could speak in confidence.

"Luis Somoza," she whispered, looking around cautiously. "He facilitated the Bay of Pigs invasion against Castro by letting them use our Puerto Cabezas about four years ago."

"That makes sense," I said, "and don't forget that Luis Somoza is the chairman of Metasa."

While we had imagined a neat solution to the arms shipment question, I began to think of variations in this scenario. I asked Ana, "What if Ramírez-Eva is involved?

variaciones de éste escenario. Le pregunté a Ana, —¿Y si Ramírez-Eva está involucrado? Supón que a cambio de mantener el rol de Metasa en secreto, se queda con algunas armas?

—¿Qué habría de hacer con ellas?

Ahora era mi turno de mirar alrededor y bajar la voz. – Supón que Ramírez-Eva quiera intentar llegar al Palacio Presidencial y ser el próximo gran líder. Es ambicioso y pudiera utilizar el generalizado sentimiento anti-Somoza.

—¿Cómo se las arreglaría con la guardia nacional de Somoza?—preguntó Ana.

—Probablemente con el asesinato del Somoza que esté en el poder —dije, sorprendido de mis propios oscuros pensamientos.

Ana palideció. Parecía conmocionada.

Decidí que ya habíamos tentado nuestra suerte lo suficiente hablando del asunto allí, y anuncié: —En una nota más alegre, Bruce tiene un viaje espacial preparado para nosotros. Él y Amelia nos han invitado para ir el domingo a la playa La Boquita, lo cual será sin dudas un agradable paseo fuera de la ciudad.

—¡Espléndido!—dijo Ana, —Siempre he querido ir allí, y nos viene bien alejarnos de la ciudad.

Yo estaba entusiasmado porque podía tomar un descanso antes de escribir y presentar el reporte de Metasa, y era el lugar perfecto para pasar un interesante día de asueto con Ana. Bruce dijo que podíamos ganarnos el pasaje si recogíamos buenas piedras en la playa para construir su nueva chimenea. Pararíamos al regreso en su casa en la montaña.

Suppose in return for keeping Metasa's role a secret, he gets to keep some of the arms?"

"What would he do with them?" Ana asked.

Now it was my turn to look around and lower my voice. "Suppose Ramírez-Eva wanted to make a run at the Presidential Palace and be the next great leader? He's ambitious and could capitalize on the general anti-Somoza feeling."

"How would he deal with Somoza's national guard?" Ana asked.

"Probably through the assassination of whichever Somoza is in charge," I said, surprised at my own dark thoughts.

Ana's faced paled. She appeared shocked.

I decided that we had pressed our luck far enough talking about this here and announced, "On a cheerier note, Bruce has a special trip cooked up for us. He and Amelia have invited us for a Sunday at La Boquita Beach, a pleasant drive from town."

"Terrific!" Ana said. "I've always wanted to go there, and it will be nice to get out of the city."

I was enthusiastic because I could get a break before I wrote and presented the Metasa report, and it would be the perfect place to spend a relaxing and interesting day with Ana. Bruce said we could earn our passage by picking up some nice stones at the beach to use for making his new fireplace. We would stop at his mountain house on the way back.

Ana said she had to return to her place so I saw her off and then went to the front desk to get my key. There was a message from Bruce. He would be stopping by around

Ana dijo que debía regresar a su casa, conque nos despedimos y fui al escritorio de recepción por mi llave. Había un mensaje de Bruce. Llegaría a eso de las 2:00 para que fuéramos a ver las operaciones de Sovipe. Apareció puntual en su Karmann Ghia deportivo. Parecía muy animado.

—¡Larry! ¡Hay nuevas de tu amigo Ramírez-Eva!

—¿Oh? ¿Qué pasó?

—Primero, está pensando construir una enorme casa en un vecindario prestigioso a unas diez cuadras de aquí. Vamos a husmear. Después te llevo a dar un recorrido por Sovipe.

Llegamos a una luz de tráfico donde interceptaban varias calles. En el centro había una estatua de bronce de un soldado a la cabeza de sus tropas y a sus pies una musa de mármol pensando en la mayor gloria de todas.

—Ése es Montoya, un héroe adolescente que murió hace décadas, —dijo Bruce, —y a unas cuadras más allá está la casa Chamorro, del editor del periódico *La Prensa*. En éste vecindario es donde Ramírez-Eva quiere que su casa sea admirada.

Nos estacionamos por unos minutos para que Bruce pudiera desplegar el mismo plano que me había mostrado Ramírez-Eva. –No es muy elegante y no tiene encanto, —comentó Bruce, —pero todos la notarán y se figurarán que es un lugar donde suceden grandes cosas y que él es un hombre con quien hay que andar con cuidado.

No me impresionó, y todavía se me parecía a un edificio de banco.

—Creí que ustedes sólo construían trechos urbanos, no casas individuales.

2:00 and we would go to see the Sovipe operations. He showed up at the appointed time in his sporty blue Karmann Ghia. He seemed quite excited.

"Larry, there are new developments with your friend Ramírez-Eva!"

"Oh, what's happened?"

"First, he's thinking about building a huge new house in a prestigious neighborhood about ten blocks west of here. Let's go take a look. After that, I'll show you around Sovipe."

We arrived at a traffic island where a number of streets intersected. In the middle was a bronze statue of a soldier leading his troops and at his feet a marble muse thinking of the greater glory of it all.

"That's Montoya, a teenage hero soldier who died decades ago," Bruce said, and a couple of blocks away is the Chamorro house, owned by the publisher of *La Prensa* newspaper. This neighborhood is where Ramírez-Eva wants his house to be admired."

We parked for a few minutes so Bruce could spread out the same house drawing Ramírez-Eva showed me. "It's not very elegant and has no charm," Bruce commented, "but everyone will notice it and figure that it is a place where big things are happening and he is a man to be reckoned with."

I was unimpressed and still thought it looked like a neighborhood bank building.

"I thought you guys just did housing tracts, not individual houses."

"In principle, yes," Bruce said, "but the higher ups can work on anything they want."

—En principio, sí, —dijo Bruce—pero los poderosos pueden lograr lo que quieran.

Seguimos hacia Sovipe, que estaba al otro lado de la ciudad, al salir a la carretera que va al aeropuerto.

Bruce me llevó a la sala de conferencia. Había rotafolios con los que él y sus asociados me informarían sobre la compañía. La presentación resaltó que habían empezado hacía catorce años por tres socios—Solorzano, Villa, y Pereira—y había crecido hasta tener 800 empleados. Se habían beneficiado del cambio radical en el diseño de edificios comerciales como estructuras de acero, y en aquellos momentos eran los líderes en Nicaragua en construcciones comerciales y residenciales. Tenían sus propios talleres de soldadura, y carpintería, y tenían su propio equipo pesado para la construcción.

Sovipe era el mayor contratista en Nicaragua, y usaban acero de Metasa y Tamenic. Cuando pregunté cuales productos y servicios preferían, no había una preferencia específica. Metasa, según me informaron, tenía más problemas de calidad y siempre estaba pujando los pagos. Tamenic tenía productos de mejor calidad y más equipo de armazón en situ, tales como grúas, pero muchas veces no tenían el producto requerido en su inventario.

Entonces, con un floreo, quitaron la tela que cubría el modelo arquitectónico de una comunidad de viviendas. Pequeñas casas de madera estaban colocadas a lo largo de terrazas apaisadas, con pequeñas madres llevando a sus diminutos niños a pasear por la acera y los campos. Tiendas, mercados, un banco, una escuela, una estación de autobús, una clínica y una iglesia estaban organizados alrededor de una plaza de peatones. Frente al modelo,

Then we drove out to Sovipe which was on the other side of town just off the highway leading to the airport.

Bruce led me into the conference room. Flip charts were set up so that he and his associates could brief me on the company. The presentation highlighted that they were started fourteen years ago by three partners—Solorzano, Villa, and Pereira—and had grown to 800 employees. They had profited from the radical change in the design of commercial buildings such as steel structures, and at that time they were the leaders in Nicaragua in both commercial and residential construction. They had their own shops for welding, carpentry, and millwork, and had all their own heavy equipment for construction.

Sovipe was the biggest contractor in Nicaragua, and they used both Metasa and Tamenic steel. When I asked whose products and services they preferred, there was no clear preference. Metasa, they informed me, had more quality problems and were always pushing for payments. Tamenic had better quality products and more on-site assembly equipment such as large cranes, but they often didn't have the required steel products in inventory.

Then, with a flourish, they removed the cloth sheet covering the architect's model of a housing community. Little wooden houses were sited along landscaped terraces with tiny mothers taking tinier children for walks on the sidewalks and fields. Stores, markets, a bank, a school, a bus station, a clinic and a church were arranged around a pedestrian plaza. On the front of the model, a photograph was attached of Ramírez-Eva shaking hands with the union leader.

había una foto de Ramírez-Eva estrechando la mano del líder del sindicato.

—¿Cuándo empiezan a construir?—pregunté. La sala quedó silenciosa.

Cuando el único que quedaba era Bruce, le pregunté qué pensaba sobre el projecto comunitario para los trabajadores. —Un escaparate para egos, —dijo—Ramírez-Eva recibe el foco de luz, el líder del sindicato también recibe el foco de luz, y mis directores reciben un poco. Esto puede tener más valor que las ganacias del proyecto.

Bruce me llevó de regreso al hotel. —Has estado investigando esta industria en un momento interesante—dijo cuando llegamos, —Vamos a esperar tu reporte con mucho interés.

—No vas a tener que esperar mucho, —declaré, —Voy a presentar mi reporte la semana que viene y le preguntaré a Jorge si puedes asistir.

—Muchas gracias, —dijo Bruce, —Estaré el domingo a las 9:00 a.m. con Amelia y Ana. El pronóstico del tiempo anuncia un gran día de playa.

"When are they going to be breaking ground?" I asked. The room went quiet.

When the only one left was Bruce, I asked him what he personally thought of the Metasa Workers Community project. "A showcase for egos," he said. "Ramírez-Eva gets some spotlight, the union head gets some, and my directors get some. This may be worth more than any profits from the project."

Bruce drove me back to my hotel. "You have been researching this industry in interesting times, he said as we arrived. We will be looking forward to your report with great interest."

"You won't have to wait long," I replied. "I will present my report next week and I will ask Jorge if you can attend."

"Many thanks," Bruce said. "I'll be over Sunday at 9:00 a.m. with Amelia and Ana. The weather forecast is for a great day at the beach."

10
PLAYA LA BOQUITA

Había estado ansiando que llegara este día. Íbamos a Playa La Boquita, la cual Bruce había descrito como un paraíso virgen. Ésta iba a ser la primera visita para Ana también, y pensé que sería una buena oportunidad para explorar con ella temas ajenos al trasiego de armas.

Llevábamos trajes de baño debajo de shorts y camisas. Ana y yo llevamos una nevera de picnic con cerveza y refrigerios para contribuir con las provisiones de Bruce. El tiempo estaba fresco y soleado—perfecto para la playa. La loción de protección solar, sin embargo, era imposible de conseguir en Managua. Bruce llevaba un sombrero de safari flojo y caído, y gafas de aviador que lo hacían parecer un guía de turismo.

Bruce y Amelia aparecieron en el ya familiar Toyota Land Cruiser de tracción de cuatro ruedas. Partimos hacia el sur, en dirección a Costa Rica.

—Son solamente setenta y cinco kilómetros hasta la playa—dijo Bruce, —Pero nos va a tomar alrededor de dos horas llegar. Los primeros sesenta kilómetros son por

10
LA BOQUITA BEACH

I had been looking forward to this day. We were going to La Boquita beach, which Bruce had said was an unspoiled paradise. This would be the first visit for Ana as well, and I thought it would be a good opportunity to explore subjects of interest with her other than arms shipments.

We wore our bathing suits under our shorts and shirts. Ana and I packed a picnic cooler with beer and snacks as a contribution to Bruce's provisions. The weather was cool and sunny — perfect for the beach. Sun tan lotion, however, was virtually impossible to find in Managua. Bruce wore a floppy safari hat and aviator sunglasses and looked like a tour guide.

Bruce and Amelia showed up in the now familiar Toyota four-wheel drive Landcruiser. We headed out on the highway south towards Costa Rica.

"It's only about seventy-five kilometers to the beach," Bruce said, "but it will take about two hours to get there. The first sixty kilometers are open road and will take about an hour. The last fifteen are cross country and could take another hour."

carretera y nos tomará una hora. Los últimos quince son a través del campo y nos puede tomar otra hora.

En el marcador del kilómetro catorce, Bruce dijo—Allá arriba está mi casa—apuntó hacia una carretera que subía por el borde de la montaña a la derecha—Pararemos allí al regreso.

Desde ese momento en adelante, la carretera fue atravesando valles.

A medida que el terreno se allanaba, presentimos que el océano no estaba lejos, el paisaje se hizo desértico, poblado de altos saguaros, comunes en Arizona. Bruce salió de la carretera pavimentada, puso el Toyota en tracción de cuatro ruedas, y avanzó a través del campo y zanjas dejadas por carretas. Cruzamos por encima de pequeñas lomas y ensenadas secas, a través de las tierras yermas de un volcán extinto, a través de platanales, y campos de cosecha.

Llegamos a un gran campo de piñas. Bruce detuvo el Toyota a plena vista de cualquiera que pudiera estar en el área, sacó un machete, y cortó unas cuantas piñas para el picnic. Nos comimos una allí mismo. Fresca, dulce, y deliciosa. Nadie se nos acercó. Tal vez nos vieron como algo demasiado formidable para los campesinos. Quizá era la hora de la siesta. Con el hambre y la sed saciadas, continuamos camino.

Finalmente llegamos a un camino cubierto de surcos sobre tierra apisonada que me hizo sentir que estábamos muy cerca del mar. El camino nos llevó a un asentamiento sin nombre—demasiado pequeño para ser un pueblo o aldea. El lugar podría ser descrito como una mezcla de cactos, palmas, enredaderas, grandes lagartos que

At the fourteen kilometer marker, Bruce said, "Up there is my house," pointing to a road heading up a mountain ridge to our right. "We'll stop there on the way back." After that, the road followed the contours of mountain valleys.

As the land flattened and we sensed that the ocean was not far, the terrain became desert-like, populated with towering saguaro cactus which are common in Arizona. Bruce turned off the paved road, put the Toyota in four-wheel drive, and we headed out across the fields crossed by wagon ruts. We went over little hills and dry basins, across the badlands of an extinct volcano, through banana plantations, and across planted fields.

We came to a large pineapple field. Bruce stopped the Toyota in plain sight of anybody that might have been in the area, grabbed a machete, and cut a few pineapples for our picnic. We cut up one on the spot. Fresh, sweet, and delicious! Still, no one approached us. Maybe we looked too formidable to a campesino. Maybe it was early siesta time. Our hunger and thirst satisfied, we pressed on.

Finally, we came to a rutted road on packed earth that again made me feel we were getting close to the ocean. It led to a nameless settlement—too small to be called a village. This place could be described as a melange of cactus, palm trees, creepers, big lizards that change colors when crossing the road, wandering cows and chickens, buzzards, and a half-dozen sun-baked adobe houses with reddish Mediterranean roofs. No inhabitants appeared. The little settlement seemed to be abandoned.

Bruce explained that most likely the inhabitants were Indians and that they were probably out fishing. He drove

cambian de color al cruzar el camino, gallinas y vacas errantes, zopilotes, y media docena de casas de adobe con rojizos techos mediterráneos. No se veía ningún habitante. El asentamiento parecía abandonado.

Bruce explicó que posiblemente los habitantes eran indios y se habrían ido a pescar. Seguimos algunos cientos de metros por hierbas altas, y allí estaba, el titilante mar ocupando todo el horizonte. Habíamos llegado a nuestro destino.

Bruce condujo el Toyota hasta la playa. La arena era muy sólida, así que avanzó lentamente en busca de un buen lugar para parar. Dijo que seguramente encontraríamos albergues indios hechos de ramas de árboles por la playa. Se entendía que el protocolo era el de usar un albergue si estaba vacante. Pronto llegamos a uno de ellos, y lo bajamos todo para almorzar.

Mientras nos acomodamos en las sillas plegables que había traído Bruce, le dejé saber lo bien impresionado que estaba con sus conocimientos del área. Sonrió modestamente y dijo que a Amelia y a él les gustaba venir a este sitio, y que habían estado investigando sobre el mismo. Amelia, muy en contacto con asuntos de turismo gracias a su agencia, dijo que temía que el área iba a ser descubierta y ya nunca estaría en el estado prístino actual. Hoy se puede llegar a La Boquita por una carretera pavimentada, tiene restaurantes y bares para recibir al cansado viajero, y habitaciones que se pueden reservar por medio del Internet.

Además de la las piñas frescas, teníamos emparedados y frutas que Bruce y Amelia prepararon y las cervezas y refrigerios que Ana y yo trajimos. Muy pronto

another few hundred meters through high grass, and there it was, the glittering ocean occupying the whole horizon. We had reached our destination!

Bruce drove the Toyota onto the beach. The sand was very solid so he drove slowly along looking for a good place to stop. He said we would probably find Indian shelters made of stacked tree branches along the beach. The unwritten protocol was that you could move into one if it was vacant. Soon we came to one and unloaded everything for lunch.

As we settled into the folding beach chairs Bruce brought, I told him how impressed I was with his knowledge of the area. He smiled his modest smile and said that he and Amelia liked to come here, and they had done a lot of research about it. Amelia, in touch with tourism trends through her travel agency, said that she feared the area would be discovered and could never be returned to its present pristine state. Today, the La Boquita area is easily reached by paved road, has restaurants and bars for the weary traveler, and rooms can be booked on the Internet.

In addition to the fresh pineapple, we had sandwiches and fruit Bruce and Amelia prepared and the beer and snacks that Ana and I brought. In no time, we all dozed, having forgotten about all our cares, now and then awakening to whisk away persistent flies. Most startling was an iguana about a half-meter long that emerged from the Indian shelter and looked at us curiously. We wondered what else could be in there. What little organisms was the iguana eating? We definitely were not alone on this beach.

dormitábamos, olvidando todas nuestras preocupaciones, de vez en cuando despertando para espantar moscas persistentes. Lo más sorpresivo fue una iguana de medio metro de largo que salió del albergue indio y nos miró con curiosidad. Nos preguntamos qué más pudiera estar ahí dentro. ¿Qué pequeños organismos estaría comiendo la iguana? Definitivamente no estábamos solos en esta playa.

Ana me dio un codazo para que mirara hacia arriba. Había alrededor de una docena de grandes aves marinas volando sobre las olas en busca de almuerzo. No se les veía descender y capturar nada. Eran muy grandes, con alas muy largas y delgadas, y largas colas bifurcadas. – Vemos éstas aves mucho en las playas de Centroamérica— dijo Ana, —Se les conoce como aves fragata, y capturan su comida en la superficie del mar. A veces se les puede ver robar la comida de otros pájaros.

Ana y yo decidimos caminar por la playa. Bruce y Amelia prefirieron quedarse con el vehículo y solearse. A todo lo largo no se veía nadie, ni botes, ni edificios, no había latas de cervezas ni vasos de plástico. Sólo el bosque apartado de la orilla. Sólo la playa virgen que los conquistadores deben haber visto. Al refrescar la tarde, vimos algunos indios que salían a recoger madera de deriva para sus hogueras.

Tras darnos un chapuzón refrescante, llegamos a un enorme tronco y nos sentamos para disfrutar del paisaje. Ana parecía tensa e introspectiva. Después de mirar las la subida de la marea, dije: —Lo hemos estado pasando muy bien durante las últimas semanas. ¿Qué planes tienes? ¿Te quedas a pasar el verano?

Ana poked me to look up. There were about a dozen large and graceful seabirds wheeling high above the surf looking for lunch. So far, they were not dropping down and grabbing anything. They were very large and had very long thin wings and long forked tails. "We see these birds a lot at the beaches in Central America," Ana said. "They're called frigatebirds and they snatch food from the surface of the ocean. Sometimes you can see them steal food from other birds."

Ana and I decided to walk the beach. Bruce and Amelia preferred to stay behind with the vehicle and take in the sun. As far as the eye could see there were no people, no boats, no buildings, no beer cans, and no plastic cups. There was just the forest receding away from the beach. Just wild beach as the Spanish conquistadores must have seen. As the afternoon cooled off, we occasionally saw Indians venturing out to pick up driftwood for their fires.

After a dip in the ocean, we came to a huge log and sat down to take in the view. Ana seemed a little tense and introspective. After a while of silently watching the surf rise as the tide came in, I said, "We've been having a marvelous time over the last few weeks. What are your plans? Are you going to be staying for the summer?"

"No," Ana replied, "I've been waiting for a time to tell you and I guess the time is now."

"Has something happened?" I was surprised.

"Yes, I just learned that my father had a stroke in Florida. It's not serious enough to paralyze him, but he is confused, afraid, and living alone. Amelia has booked me a flight home tomorrow."

—No—respondió Ana—. He estado esperando para decírtelo y éste es el mejor momento.

—¿Ha sucedido algo?—pregunté.

—Sí. Recién he sabido que a mi padre sufrió un derrame cerebral en la Florida. No es serio como para paralizarlo, pero está confundido, temeroso, y viviendo solo. Amelia me ha reservado un vuelo para mañana.

—¿Ya has empacado?

—Sí. Todo está hecho y estoy lista para marchar. Quería estar contigo y compartir este bello lugar. Disfrutemos. Una vez termine la agitación política, van a comercializarlo para el turismo internacional igual que ha sucedido en tantos lugares de México y Costa Rica.

—Siento mucho lo de tu padre. Debe estar muy asustado—dije, —¿Te puedo ayudar en algo?

—No. Todo está en mis manos. Ya estoy entrenada.

—Entonces podemos escribirnos, y cuando pase por Miami puedo visitarte. ¿Me darás tu dirección?

—Lo siento mucho, pero creo que debemos dejar nuestra relación en este punto —respondió.

Traté de abordar el tema varias veces sin éxito. Por las razones que fueran, Ana estaba decidida a desaparecer en la Florida y no volver a ser vista.

—Hay algo más que he estado queriendo decirte, —dijo Ana.—No lo tomes a mal pero yo conocía a Bill de antes porque estuvimos en el Cuerpo de Paz juntos. Viene de una familia rica de Nueva York, y anda en busca de aventuras. Dejó el Cuerpo de Paz a la vez que yo y pensé que iba a regresar a la casa de verano de su familia en Long Island.

—Pero está aquí, —interrumpí.

"Are you all packed?"

"Yes, that's all done and I'm ready to go. I wanted to be with you and share this beautiful place with you. We should enjoy it now. After the political turmoil is over, they are going to merchandise this place for international tourism like it has happened to so many places in Mexico and Costa Rica."

"I'm very sorry about your father. He must be very frightened," I said. "Is there anything I can do?"

"No, it's up to me," Ana replied. "I know the drill."

"Then we can write, and when I'm passing through Miami I can visit you. Could I have your address?"

"I'm very sorry, but I think we should leave our relationship here," she replied.

I tried to pursue this subject several times but got nowhere. For whatever reasons, Ana was determined to disappear in Florida never to be seen again.

"There's one more thing I've been meaning to tell you," Ana said. "Don't take this the wrong way but I knew Bill before because we were in the Peace Corps together. He is from some rich New York family and drifts around looking for adventure. He left the Peace Corps when I did and I thought he was returning to the big family summer place on Long Island."

"But he's here," I interrupted.

"Yes, I've heard that he's working for some big U.S. government agency. Maybe the State Department. Maybe the Agency for International Development. Who knows? It could even be the CIA. I can't say, and any of those is probably just a business card and expense account for him to live his fantasies of tropical adventure. The point is I

—Sí. He oído que trabaja para una agencia del gobierno de los Estados Unidos. Tal vez el Departamento de Estado. Quizá la Agencia de Desarrollo Internacional. ¿Quién sabe?—puede incluso ser la CIA, no te sé decir, y cualquiera de ellos es probablemente una tarjeta de presentación y cobertura de gastos para vivir sus fantasías de aventuras tropicales. El asunto es que no estoy a gusto con él por los alrededores mientras estoy aquí, y tú debes evitarlo.

No había más que decir. De pronto éramos dos extraños compartiendo espacio sobre un tronco en una playa solitaria.

Comenzamos el regreso para unirnos con Bruce y Amelia a un kilómetro de distancia a lo largo de la playa. El brillante cielo azul se estaba nublando y parecía que se formaba una tormenta. Era algo dramático que casi asustaba. La marea había subido más de dos metros y el silencio había sido sustituido por un feroz rugido. La espuma voló por el aire y una llovizna suave empezó a caer.

Entonces vimos algo asombroso. Docenas, o cientos de cangrejos se apresuraban de lado hacia la orilla. Se movían todos exactamente a la misma velocidad como si hubieran sido arrastrados por una red. Eran criaturas extraordinarias. Al crecer, salen de sus conchas y se mudan a conchas más grandes abandonadas por cangrejos mayores. También se guarecen en conchas de mar, o caracoles o incluso en algún pedazo de basura. Lo que estábamos observando eran los cangrejos ermitaños que viven mayormente en tierra, pero que deben entrar al agua para mantener las agallas húmedas.

don't feel comfortable with him hanging around while I'm here, and you should avoid him."

There seemed to be no more to say. We were suddenly two strangers sharing space on a log on a lonely beach.

We started out to join Bruce and Amelia about a kilometer down the beach. The bright blue sky was clouding up and it looked like a squall was forming. It was dramatic, almost scary. The surf by now had risen to over two meters and the quietness had been replaced by a crashing roar. Spume flew through the air while a soft, steady rain began to fall.

Then there was an amazing sight. Dozens or even hundreds of hermit crabs scuttled sideway into the surf. They all were moving at the exact same speed as if they were being towed on a big net. These are amazing creatures. As they grow, they vacate their shells and move into the larger shells vacated by older crabs. They also will house themselves in sea shells and snail shells and maybe the odd piece of trash. What we saw were the land hermit crabs that live mostly on land but have to dip into the water to keep their gills damp.

The rain stopped so Bruce suggested that we all look for some stones for his fireplace. He wanted them to be about brick size. His preferred coloration would be tan, brown, black and white markings and some sort of horizontal grain. I was very surprised that we found several dozen good ones, and they would prove valuable as ballast to prevent slipping in the mud from the afternoon rain.

Bruce retraced our arrival route and avoided the temptation to cut some more pineapple because a figure

Paró de llover y Bruce sugirió que buscáramos rocas para su chimenea. Las quería más o menos como del tamaño de un ladrillo. Las prefería pardas, marrón, negras con pintas blancas, y con estrías horizontales. Me sorprendió que encontráramos docenas de ellas muy buenas y su peso ayudó a prevenir resbalones en el barro después de la lluvia de la tarde.

Bruce regresó por el mismo camino que nos había traído, evitando la tentación de cortar más piñas porque nos observaba una figura a caballo. En lugar de eso abrimos cervezas y reímos hablando del día tan divertido que estábamos disfrutando.

Al final de la larga carretera, doblamos por el camino que iba a la casa de Bruce mientras el sol se ponía. Hicimos una pila con las piedras para su proyecto de chimenea. Todos estuvimos de acuerdo en que sería una magnífica adición. Bruce nos revivió con todos los comestibles de soltero que tenía—galletas, queso, y café instantáneo.

Cuando llegamos a la ciudad nos despedimos con afecto. Ni Ana ni yo mencionamos nada sobre su partida, aunque naturalmente Amelia lo sabía. Nunca más volví ver a Ana o a Amelia.

Después de salir de mi traje de baño y vestirme de cualquier modo, fui al Gran Hotel y me acomodé en el bar. Tony, el barman, apareció sonriente. –¡Señor Larry! ¿Cómo está? Veo que está quemado de sol. Debe tener cuidado— ¡Seguro que se ha divertido! Le preparo un *sundowner* especial.

La versión clásica de esta bebida colonial británica es cognac, jugo de naranja y limón, y anís. La versión de Tony llevaba ron de coco, jugo de manzana y bitters. –Apoya

on horseback was watching us. Instead, we opened some beers and laughed and talked about the fun day we had all enjoyed.

After the long stretch of highway, we arrived at the turnoff for the road to Bruce's house just as the sun was going down. We piled the stones near his fireplace project. Everyone agreed they would be an impressive addition. Bruce revived us with about all the bachelor sustenance he had — crackers, cheese, and instant coffee.

When we arrived in town we all parted with fond goodbyes. Neither Ana nor I mentioned anything about her leaving although of course Amelia knew. I never saw Ana or Amelia again.

After changing out of my bathing suit and dressing up somewhat, I walked to the Gran Hotel and settled into the quiet bar. Tony the bartender appeared, full of smiles. "Mr. Larry, how are you? I see you have a sunburn. You should be careful — I'll bet you had some fun! Let me make you my Sundowner Special."

The classic version of this British colonial drink is brandy, orange and lemon juices, and anise. Tony's version was coconut rum, apple juice, and bitters. "Supports local industry," he said. It worked fine. I enjoyed the drink and was lulled into reflection by the big fans turning slowly overhead.

I thought, *Dammit! Who can you trust? Was Ana working for Bill, the CIA, the Somoza System, or even — no, it couldn't be — Bruce? Nah — I'm just imagining things! Ana and I are just ships passing in the night. A happy chance encounter. What is it that I know or do that anyone would want to get excited about?*

nuestra industria local—dijo. Tuvo efecto. Disfruté de la bebida y entré en un estado reflexivo, calmado por los ventiladores girando en el techo.

Pensé, *¡Maldita sea! ¿En quién se puede confiar? ¿Trabajaría Ana para Bill, la CIA, el Sistema de los Somoza, o incluso—no, no podía ser—Bruce? No.—Estoy imaginando cosas. Ana y yo somos buques que nos hemos cruzado en la noche. Un encuentro feliz y casual. ¿Qué puedo saber o hacer yo que pueda interesarle a alguien?*

Todos—yo, Bruce, Jorge, Ramírez-Eva—estamos haciendo lo que podemos con información limitada y lo desconocido. Tal vez algo de paranoia es algo bueno. ¡Cuídate la espalda! La cuestión es que mientras nos encajonamos en los asuntos de la vida, tenemos menos libertades, y menos habilidad de reconocer la verdad, mucho menos recibirla.

Creo que engullí varios *sundowners* porque Tony me sacó del asiento del bar. Me llevó a la calle y me puso en un taxi. Debo haberle pagado, pero no estoy seguro.

Everyone — me, Bruce, Jorge, Ramírez-Eva — we're all doing the best we can but with limited information and unknown unknowns. Probably a little paranoia is a good thing. Watch your backside! The thing is, as we get boxed into the affairs of life, we have ever fewer freedoms, and ever less ability to recognize truth, let alone give or receive it.

I guess I put away a few more sundowners because Tony was hoisting me out of my bar seat. He guided me to the street door and put me in a cab. I must have paid him, but I'm not sure.

11
Huelgas y demostraciones

Había llegado el momento de resumir mi informe sobre Metasa a CNI. Pronto yo vería si debía investigar más a fondo y si había más asuntos que explorar. Al revisar mis notas, empecé a darme cuenta de que un análisis de las finanzas de la compañía arrojaría muy poca nueva información que no fuera ya bien conocida. La única revelación eran hojas fuera de balance, tal y como se conocen en el mundo de los negocios.

Esto era un asunto delicado y era necesario hablar con un experto que pudiera ayudar sin explotar la información de modo dañino. Me pareció que Jorge Montealegre, mi jefe en CNI, sería la mejor opción. Lo llamé. Detectó mi preocupación, y dijo, —Larry, es importante que nos reunamos. Debemos hablar de modo confidencial. Encontrémonos en la oficina el viernes por la mañana. Nadie más estará allí. Una huelga de autobuses ha sido anunciada, por lo tanto va a haber conmoción por la plaza, pero vamos a estar bien.

11
STRIKES AND DEMONSTRATIONS

The time had come to outline my report about Metasa to CNI. I would soon see if I had to do more research and if there were other issues I should explore. As I reviewed my notes, I began to realize that an analysis of the company's finances would yield little new information that was not generally known. The big insights were "off-balance sheet" as they say in the business world.

These would be in delicate areas and I needed to talk to a senior businessman who could be of help without harmfully exploiting the information. Jorge Montealegre, my boss at CNI, seemed to be the best choice. I called him. He sensed my concern and said, "Larry, by all means let's get together. We should talk in confidence. Let's meet Friday morning at the office. Nobody else will be there. A bus strike has been announced, so there will be a commotion in the Plaza area, but we should be fine."

At 8:00 a.m. on Friday, the one-kilometer walk through the still sleeping city was stimulating. I was free to think without distractions. The air was fresh and clean in the cool morning since there were hardly any cars. I

A las 8:00 a.m. del viernes, la caminata de un kilómetro por la ciudad aún dormida fue estimulante. Estaba libre para pensar sin distracciones. El aire estaba limpio en el frescor de la mañana al no haber apenas tráfico. Intercambié saludos con el portero al pasar por el Gran Hotel. Ana probablemente estaría camino al aeropuerto. *Es mejor que me olvide de ella.*

Encontré a Jorge comprando el periódico *La Prensa* de la mañana y pan dulce en un puesto de la calle. Se mostró contento de verme y caminamos a su oficina juntos. Muchos autobuses estaban estacionados juntos en un área del tamaño de un cuadra. Nadie estaba por los alrededores aun. Jorge dijo, —Habrá protestas luego, pero no te preocupes.

Después de que Jorge preparara el café nos acomodamos en la sala de conferencias. Me miró, — ¿Cómo van las cosas? No he sabido de ti en algún tiempo. ¿Has terminado las investigaciones?

—Sí, Jorge, he hecho las investigaciones en términos de revisar las cuentas y el análisis resultante, pero algunas hojas fuera de balance me han llamado la atención y me gustaría discutir eso contigo.

—Soy todo oídos—me aseguró—Todo queda en confianza aquí.

—Lo primero es que en mi opinión Ramírez-Eva coloca a sus inversionistas muy bajo en su lista de prioridades, a pesar de que éstos incluyen a Luis Somoza. Cuando su compañía necesita dinero efectivo, defiere los pagos a los japoneses por el acero. Ello cambian esa deuda nueva por acciones en Metasa. El resultado es que la inversión es diluida por las nuevas acciones, y por lo tanto,

exchanged waves with the doorman as I passed by the Gran Hotel. Ana probably was on her way to the airport. *Oh well, better forget about her.*

I came across Jorge buying the morning *La Prensa* and some pan dulce rolls at a street vendor's stand. He was pleased to see me and we walked to his office together. Many buses were parked right next to each other in an area the size of a city block. Nobody was around yet. Jorge said, "There will be protests later, but don't let it disturb you."

After Jorge made coffee and we settled down in the conference room. He looked at me. "How's it going? I haven't heard from you in a while. Is your research done?"

"Yes, Jorge, I have done all the research in terms of reviewing their accounts and the resultant performance analysis. Some off-balance sheet issues have come to my attention, though, and I would like to discuss them with you."

"I'm eager to hear them," he assured me "Everything is confidential here."

"First, in my opinion, Ramírez-Eva ranks his investors way down on his list of priorities even though they include Luis Somoza. When his company needs cash, he defers payments to the Japanese for their steel. They swap this new debt for shares in Metasa. The result is that your investment is diluted by their new shares and, therefore, will have lost some value. You are losing control because the Japanese have one man on the board and soon could have two."

"Well, maybe Metasa is inherently unprofitable."Jorge looked a little pained as he said this.

habrán perdido valor. Ustedes están perdiendo control porque los japoneses tienen un hombre en la junta y pronto tendrán dos.

—Entonces tal vez Metasa es inherentemente improductiva.—Jorge pareció dolido al decirlo.

—No lo creo—dije, —Me encontré con Gabriel Ramos, el dueño de Tamenic, que está en la misma línea que Metasa, pero tiene un cuarto del tamaño. Aunque Tamenic no es inmune a los aprietos del crédito, Ramos se las arregla para hacer suficiente dinero como para re-invertir la mayor parte en el negocio. Como resultado, su inversión constantemente aumenta en valor.

—¿Y qué puede hacer Ramírez-Eva?—preguntó Jorge.

—Su nómina de sueldos está hinchada. No necesita tantos gerentes, administradores, y demás personal. Pudiera deshacerse del avión de la compañía. No necesita viajes a Miami pagados por la compañía—me di cuenta de que no debía haber mencionado este punto y así recordarle a Jorge los boletos que pasé a su nombre.—Pero estos gastos no son el fin del mundo comparados con lo que pudiera venir luego.

—¿Oh?—Jorge asumió una postura de alarma.

—Como habrás oído, Ramírez-Eva ha propuesto edificar una comunidad para trabajadores con 300 viviendas y servicios asociados como escuelas y una clínica cerca de la compañía.

—Está tratando de mejorar la moral de sus trabajadores así como su productividad. Probablemente podrá obtener fondos de agencias para desarrollo internacional, y tal vez los Somoza quieran cooperar—dijo Jorge.

"I don't think that's the case," I said. "I met with Gabriel Ramos, the owner of Tamenic, in the same business as Metasa but one-quarter their size. While Tamenic is not immune from the industry's credit squeeze, Ramos manages to make enough money so that he can reinvest most of it in his business. Therefore, his investment is constantly increasing in value."

"So what can Ramírez-Eva do?" Jorge asked.

"His payroll is bloated. He doesn't need so many managers, administrators, and other staff. He could get rid of the company plane. He doesn't need to make trips to Miami at company expense." I realized I shouldn't have mentioned that last point, reminding Jorge about his tickets that I had passed along. "But these expenditures aren't the end of the world compared to what could be coming next."

"Oh?" Jorge stiffened up.

"As I'm sure you have heard, Ramírez-Eva has proposed that a Metasa workers community of 300 homes and associated services such as schools and a clinic be built near the company."

"He's just trying to improve his workers' morale and thus their productivity. He can probably get funding from international development agencies, and maybe the Somozas will help out," Jorge said.

"Yes. That's true, in principle," I said, "but inevitably there will be pressure on the company to contribute and show that he is the *Gran Patrón*."

"And Ramírez-Eva?" Jorge asked.

"I don't know about him," I answered. "I am hoping you can help me out here."

—Sí. Es cierto en principio—dije, —pero inevitablemente habrá presión sobre la compañía para contribuir, y así mostrar que él es el gran patrón.

—¿Y Ramírez-Eva?—preguntó Jorge.

—No sé—respondí—esperaba que pudieras ayudarme con eso.

—Digamos que es políticamente ambicioso en la mejor manera posible—dijo Jorge—Puede estar intuyendo que una alternativa debe venir a reemplazar a sus amigos, los Somoza, y él sería tan buen candidato como cualquiera. Conoce el campo industrial y la economía, que es lo que este país necesita.

—Entonces, visto de ese modo, ¿estás en favor de que Ramírez-Eva avance hasta ese grado?

—Sí, y probablemente encontraríamos un gerente mejor para reemplazarlo.

Ambos necesitábamos un receso, con lo que Jorge sirvió el café, y fuimos a la ventana para observar la muchedumbre que se congregaba en la plaza. Los choferes de autobus, el público en general, y los estudiantes se arremolinaban. Había grupos de policías estacionados en diferentes puntos. Algunos llevaban equipo antidisturbios.

Jorge sonrió apenas y se volvió filosófico. —¿Sabes, Larry? Este era un país de mucha chusma controlado por un puñado de marines americanos en los años 20. Entonces Anastasio Somoza se apoderó de todo, incluyendo la Guardia Nacional, a la cual conocemos como el ejército, y el cual fue formado por las fuerzas americanas.

La tiranía ha continuado hasta hoy bajo el mando de un Somoza u otro. Pero las fuerzas reaccionarias se

"Well let's just say that he is politically ambitious in the best way," Jorge said. "I mean, he may sense that an alternative must come to replace his friends the Somozas, and he is as good a candidate as anyone. He has a great grasp of industry and economics which is what this country needs."

"So, in the greater scheme of things, you are in favor of Ramírez-Eva moving up?" I asked.

"Yes, and probably we could find a better manager to replace him."

We both felt like taking a break, so Jorge poured some hot coffee, and we both went to the window to look out at the crowd gathering in the Plaza. Bus drivers, the general public, and students milled around. Police were stationed in little groups here and there. A few were in riot gear.

Jorge smiled thinly and became philosophical. "You know, Larry, we were a ragtag country controlled by a handful of U.S. marines in the '20s. Then Anastasio Somoza took over everything, including the National Guard which we call the Army, which effectively was built by the American forces."

He continued, after a brief pause. "The tyranny has continued to this day under one or another of the Somozas. But the forces of reaction are settling in with the Sandinista movement whose beginnings were with the guerilla Augusto Sandino also in the '20s. Who knows what could happen? We could go the way of Castro's Cuba" he paused again, deep in thought

"Hopefully, freedom will happen," he went on. "That's the next logical step. Then, as the great promises of the revolution weaken, people of all kinds will seek their own

acomodan con el movimiento sandinista, cuyos comienzos se deben al guerrillero Augusto Sandino, también en los años 20. ¿Quién sabe lo que pueda pasar? Pudiéramos seguir los pasos de la Cuba de Castro.

Esperemos que llegue la libertad —continuó— es el próximo paso lógico. Entonces, cuando se debiliten las promesas de la revolución, gente de todo tipo procurará su propio tajo en el nombre de la igualdad y la justicia. Este estado idealizado —el socialismo democrático— continuará por un tiempo pero se empantanará en el forcejeo político. Entonces llegará un demagogo, y nos veremos de vuelta a la tiranía.

—¿Y dónde nos acomodamos tú y yo? Es suficiente pedir que hagamos lo que podamos para mejorar los negocios y la economía.

—Por favor, discúlpame, Larry, por el discurso, pero he pensado en esto por largo tiempo y tenía que soltárselo a alguien.

Abajo en la plaza, la demostración parecía haber entrado en una nueva fase.

—Esto me ha dado mucho en qué pensar —dije— y me ayuda a entender mejor el punto de vista de Ramírez-Eva. Pero tengo una revelación más sobre Metasa que debo mencionar. Me topé con un cargamento de armas entrando a Nicaragua en un camión de Metasa la semana pasada. Estaba en una parada de camiones y el chófer estaba en el restaurante.

—No te preocupes por eso —dijo Jorge calmadamente, como si se tratara de un evento de a diario— Debe estarle costando algo a Metasa, de un modo u otro, pero ya sabes

piece of the pie in the name of equality and social justice. This idealized state—democratic socialism—continues on for a while but gets bogged down in political wrangling. Then a demagogue comes along and we're back to tyranny.

"So where do you and I fit in?" I ventured. "It's enough to ask that we just do the best we can to improve businesses and the economy."

"Please pardon me, Larry, for the speech, but I have thought about this for a long time and need to talk about it with somebody."

Down below on the Plaza, the demonstration seemed to be moving into a new phase.

"This has given me a lot to think about," I said "and it helps me better understand Ramírez-Eva's point of view. But I have one more revelation about Metasa that I should mention. I stumbled into a shipment of arms coming into Nicaragua last week on a Metasa truck. They were at a truck stop and the driver was in the restaurant."

"Don't worry about that," Jorge said calmly as if this were an everyday event. "It's probably costing Metasa something, one way or another, but you know who the big boss is over there—Uncle Luis. So leave it alone and don't say anything about it to anyone."

I didn't say anything about Ramírez-Eva's personal house project because, as I assured Ramírez-Eva, I am a man of my word.

"Coming back to your report," Jorge said, "emphasize the Japanese problem. It is purely a business matter—although I can't help reminding you that it was Luis Somoza as special envoy to Japan who opened up the

quién el el jefe allá — El tío Luis. Así que deja eso y no se lo menciones a nadie.

No dije nada sobre el proyecto de la vivienda personal de Ramírez-Eva porque, tal y como se lo aseguré a Ramírez-Eva, yo soy un hombre con palabra de honor.

— Volviendo a tu informe — dijo Jorge — enfatiza el problema de los japoneses. Es un asunto de negocios — aunque no puedo evitar recordarte que fue Luis Somoza como enviado especial a Japón quien abrió esa relación de intercambio con Nicaragua. Puedes mencionar la comunidad para los trabajadores, pero no hagas mucho ruido al respecto. Ya ha servido su propósito de poner a Ramírez-Eva en una luz favorable, y probablemente será olvidado.

Entonces me dio la espalda. — Voy a quedarme otra hora para terminar unos informes, y tengo el auto aquí, te puedo llevar de regreso si no te importa esperar.

— Muchas gracias, Jorge — dije — pero mis archivos están en mi habitación, y quisiera regresar ya.

Salí a la plaza pensando en lo que había dicho Jorge, sin preocuparme por mi seguridad. Escogí un buen punto de observación y miré en todas direcciones. Creí ver humo de gases lacrimógenos cerca del palacio presidencial, pero enseguida apareció una mayor amenaza por la Avenida Roosevelt: Una columna de la Guardia Nacional armada con rifles marchaba hacia mi y se detuvo a mi izquierda. Esto se puede ver en la foto de la cubierta de este libro. Es parte de una foto que apareció en primera plana del periódico al día siguiente.

Japan trading relationship with Nicaragua. You can mention the workers' community but don't make a big deal about it. It has served its purpose already to spotlight Ramírez-Eva and probably soon will be forgotten."

Then he turned away. "I am going to stay another hour or so to finish up some reports, and I have a car here, so I can drive you back if you don't mind waiting."

"Thank you very much, Jorge," I said, "but my files are in my hotel room, and I would like to get back now."

I walked into the Plaza thinking over what Jorge said and unconcerned about my safety. I picked a good vantage point and looked around in all directions. I thought I saw tear gas smoke near the presidential palace, but just then a bigger threat appeared from Avenida Roosevelt: A column of National Guard troops all carrying rifles marched towards me and stopped just to my left. This is shown in the cover picture of this book. It is a part of a photo that was published on the front page of the next day's newspaper.

The troops didn't seem hostile but I didn't want to provoke them, so I stood still. This is what I learned in the New Hampshire forests: If a bear approaches you, don't run. Don't look afraid. Be at ease, which I succeeded in doing as you can see in the picture.

Under the guidance of a man who can be seen behind me, possibly a plain clothes officer, I moved out of the way and began to head towards my hotel. I soon realized that things were going to get worse. In the Plaza, the authorities were dealing with the striking bus and taxi drivers. A revolution wasn't going to start there. However,

Las tropas no parecían hostiles, pero no quería provocar, por lo cual me estuve quieto. Es lo que aprendí en los bosques de Nueva Hampshire: Si se te acerca un oso, no corras. No muestres temor. Mantén la calma, lo cual logré hacer, tal y como se aprecia en la foto.

Guiado por el hombre que aparece detrás de mi, tal vez un oficial sin uniforme, me quité del camino y avancé hacia el hotel. Pronto me di cuenta de que las cosas iban a empeorar. En la plaza, las autoridades se enfrentaban a los choferes de autobuses y taxis. Una revolución no comenzaría allí. Sin embargo, cuando dejé la plaza, me encontré con la verdadera razón de la presencia de la Guardia Nacional. Había estudiantes demostrando en las calles, sus voces aumentando en furia e intensidad.

Protestaban contra la masacre del 23 de julio de 1959, cuando la Guardia Nacional disparó contra los estudiantes, matando a cuatro e hiriendo a muchos más. Esto había sucedido seis años antes en la ciudad universitaria de León. En este día, en Managua, la capital, los choferes de autobuses y taxis hacían huelga, simpatizando con los estudiantes.

Al alargarse las sombras de la tarde, los estudiantes se envalentonaron. Empezaron a correr en turbas por la ciudad, llevando pancartas, rompiendo alguna que otra ventana y asaltando a los policías. Al caer la noche, más gases lacrimógenos fueron lanzados y soldados con actitud amenazante aparecieron con ametralladoras y armas antidisturbios. Por lo que pude apreciar, no hubo disparos.

Para añadir a la confusión y la animosidad de la muchedumbre, aparecieron "estudiantes" americanos, con barbas, fumando cigarrillos (el fumar marihuana o usar

as I left the Plaza, I encountered the real reason for deploying the National Guard. There were student demonstrations in the streets, their voices growing in fury and intensity.

They were protesting the Massacre of the 23rd of July, 1959 when the National Guard shot and killed four students and wounded many more. This happened six years before in the university city of León. On this day, in Managua, the capital city, the bus and taxi drivers were striking in sympathy with the students.

As the afternoon shadows lengthened, the students became more emboldened. They started running in mobs through the city streets carrying banners and occasionally breaking windows and assaulting police officers. At nightfall, there was more tear gas used and groups of mean-looking soldiers appeared with submachine and riot guns. As far as I could tell, no shots were fired.

To add to the confusion and crowd animosity was the appearance of U.S. "students," sporting beards and chain-smoking cigarettes (smoking marijuana or taking hard drugs would have been a fatal mistake in those days). They were a combination of international drifters, peace protesters, agitators, and doubtless some genuine students. In general, they were detested by the average working class people in the streets. I saw a couple of respectable ladies spitting on them.

Every once in a while, there would be a lull and I would cautiously walk a block closer to my hotel. I would have liked to stop at the Gran Hotel for dinner, but I was afraid there might be an evening curfew. As it was, the area around my hotel was quiet, maybe because it was

drogas hubiera sido un error fatal en aquellos tiempos). Eran una combinación de vagabundos internacionales, pacifistas, agitadores, y sin duda algunos estudiantes genuinos. En general, eran detestados por la clase trabajadora. Vi unas cuantas señoras respetables que los escupían.

De vez en cuando había un poco de calma, y yo tomaba la oportunidad para avanzar otra cuadra hacia el hotel. Me hubiera gustado parar en el Gran Hotel para cenar, pero temía que declararan un toque de queda. Sin embargo, el área alrededor de mi hotel estaba en calma, tal vez gracias a la dominante presencia de la prisión del Hormiguero. Disfruté de una buena cena de bistec y cerveza en un pequeño restaurante del vecindario. Yo era el único comensal.

Con suerte, podría empezar a escribir mi informe al día siguiente, y presentarlo en menos de una semana.

next to the dominant presence of the Hormiguero prison. I actually had a pleasant steak and beer dinner at a favorite little neighborhood place. I was the only customer.

Hopefully, I could start writing my report the next day, and present it in less than a week.

12
EL MOMENTO DE LA VERDAD

Me fue imposible sentarme a escribir mi informe sobre Metasa durante el fin de semana. En el curso de la semana previa, había organizado y escrito algunas páginas. Después de las huelgas y las demostraciones de estudiantes del viernes, aunque no hubo toque de queda, la tensión se podía palpar en el aire. Además, extrañaba a Ana. Su presencia hubiera podido dar lugar a un interludio romántico.

El lunes puse una cinta nueva en la pesada máquina de escribir y esparcí los papeles sobre la mesa que el dueño del hotel amablemente me había traído a la habitación. Tenía café recién hecho en el termos y bizcochitos — éstos son unas crujientes y adictivas galletas con sabor de canela y anís. La presentación estaba acordada para el jueves, y yo estaba listo para empezar.

Llevado por un sentido de urgencia, completé el primer borrador de veinte páginas esa misma noche. No sé en qué estaba pensando al empezar, pero a pesar de varios borradores, ésta atrevida apertura sobrevivió:

12
THE MOMENT OF TRUTH

I found it impossible to settle down to write my report about Metasa over the weekend. During the previous week, I had organized it and written some pages. After the strikes and student demonstrations on Friday, although there was no curfew, there was still an unsettled air all around. Also, I missed Ana. Her presence could have resulted in a romantic interlude.

On Monday, I put a fresh ribbon in the clunky typewriter and rearranged the papers on the table that the hotel owner had kindly brought to my room. I had fresh coffee in the thermos and bizcochitos — these are addictive crisp cookies with cinnamon and anise. The presentation was scheduled for Thursday and I was ready to start.

Powered by a sense of urgency, I completed the first draft of twenty pages by the evening. I don't know what I was thinking when I started out, but despite several report drafts, this bold opening survived:

Metasa is a company of somewhat royal birth and conceived grand in purpose. After rapid expansion, it

Metasa es una compañía con un origen de cierto realengo y concebida con un gran propósito. Después de una rápida expansión, hoy casi domina en sus varios mercados. Por éstas razones, sus actuales asuntos administrativos al igual que sus problemas con la estructura de su gerencia no se prestan bien a ningún tipo de análisis clásico o según los libros de texto.

Llamé a Bruce por si podía venir a desayunar en su camino al trabajo para que me diera su opinión sobre el borrador, a lo cual accedió de inmediato. Después de hacer varias muecas, y de garabatear unas notas poco legibles, dijo, —Bien, Larry, esto está en forma, pero es mejor que te concentres en el análisis del negocio y evites tonos políticos. Prepara unas buenas gráficas y estás listo.

Aprecié mucho la visita de Bruce y le dije que le debía una cena de bistec. Al salir, dijo, —Los directores de Sovipe me pidieron que los representara, y Jorge estuvo de acuerdo en que debía asistir. Yo voy a ser tu sección alentadora.

—Gracias, Bruce, eres un verdadero amigo—dije de todo corazón.

Seguí las sugerencias y apuntes de Bruce. Casi todas se atenían a la organización, en mover párrafos de un lado a otro. Todo iba bien, cuando recibí un mensaje de Jorge diciendo que su secretaria no podía mecanografiar mi informe como habíamos acordado. La necesitaban para mecanografiar un informe especial para los directores. Contaba con que ella transcribiera, editara, y mecanografiara la versión en español del trabajo.

has become nearly dominant in its several markets. For these reasons, its current management issues as well as its problems in management structure do not lend themselves well to any sort of classical or textbook analysis.

I called Bruce to see if he could stop by for breakfast on his way to work and critique the draft, which he readily agreed to do. After wincing here and there, and scribbling illegible notes on a pad, he said, "Well, Larry, this is basically in good shape, but you better stick to the business analysis and avoid political overtones. Make some nice charts and you should be well on your way."

I appreciated Bruce's stopping by and told him I owed him a steak dinner. On the way out he said, "The directors of Sovipe have asked me to represent them, and Jorge agreed that I should attend. I'll be your cheering section."

"Thanks, Bruce, you are a real buddy," I said, wholeheartedly.

I went through Bruce's suggestions. They were mostly organizational, moving various paragraphs forward and backward. All was going well, and then I received a message from Jorge that his secretary could not type my report as planned. She was needed to type a special report to the directors. I was counting on her to transcribe, edit, and type the Spanish version of my work.

I decided I would just do my report in English because I could write and type it smoothly in the dwindling time remaining. Also, I needed some time to prepare drawings and charts. I figured that if Jorge was fine with me typing my own report, with the inevitable splotches and

Decidí que haría el informe en inglés porque lo podía escribir y mecanografiar sin tropiezos en el poco tiempo que quedaba. Además, necesitaba tiempo para preparar dibujos y gráficas. Suponía que si Jorge no tenía objeciones conque yo mecanografiara mi propio informe, con sus inevitables manchas y correcciones, probablemente nadie de importancia, aparte de Ramírez-Eva, asistiría a la presentación. Distribuiría copias, lo presentaría, respondería a alguna que otra pregunta, y luego nos podríamos ir todos a casa.

A la mañana siguiente, el miércoles, fui a la oficina de CNI con mi borrador final. Jorge lo leyó con rapidez, asintiendo con la cabeza a medida que avanzaba. –Está bien, Larry—dijo, para mi gran alivio. Entonces, hablando como el abogado que era, me advirtió, —No menciones nada que no puedas probar. Hice seis copias de mi informe de veintidós páginas. Era mucho para imprimir en aquellos tiempos porque las fotocopiadoras eral lentas, temperamentales, y caras.

Jorge anunció que el local donde habría de presentar mi informe había sido trasladado de la cálida y familiar sala de conferencias de CNI a una sala de reuniones más grande en el edificio de ventas de Metasa, en la carretera del aeropuerto. Era un lugar conveniente para todos, y su interior era atractivo. La presentación estaba acordada para las 10:00 a.m. Les prometí ponerme chaqueta de sport y corbata.

El siguiente día, Jorge, su secretaria y yo fuimos llevados en el negro y modesto automóvil de CNI. Al llegar, noté consternado una hilera de grandes automóviles negros y brillantes estacionados frente al

corrections, probably nobody important other than Ramírez-Eva would be at the presentation anyway. I would hand out copies, present it, answer a few questions, and then we could all go home.

On the next morning, Wednesday, I went to the CNI office with my final draft. Jorge read it quickly, nodding to himself as he went along. "It looks fine, Larry," he said to my great relief. Then, speaking as the lawyer that he was, he advised, "Don't bring up anything you can't prove." I made six copies of my twenty-two-page report. That was a lot of printing in those days because the photocopy machines were slow, temperamental, and expensive.

Jorge announced that my presentation location had been moved from the warm and familiar CNI conference room to a larger meeting room at the Metasa sales offices on the road to the airport. This would be a convenient meeting point for everybody, he said, and it had an attractive interior. The presentation was scheduled for 10:00 a.m. I promised to wear a blazer and tie.

The following day, Jorge, his secretary, and I were driven out in the black but modest CNI car. Upon arrival, I noticed to my dismay a row of big black shiny cars parked in front of the attractive single story building. This was looking serious. I almost didn't dare walk in.

The lobby was black stone and gray granite, and from there the building merged into a floor-to-ceiling glass doors within a glass wall leading to a huge meeting room. Like a surprise party, awaiting us were Ramírez-Eva, his secretary, Fidel Pérez, his administrative manager who I already knew, Luís Somoza's personal business advisor, a representative of Arthur D. Little (ADL), a representative

atractivo edificio de una planta. Esto ya pintaba a serio. Apenas me atrevía a entrar.

El lobby tenía paredes de piedra negra y granito gris, y desde allí se vertía en una puerta de vidrio que iba desde el piso hasta el techo en una pared también de vidrio y que daba paso a una enorme sala de reuniones. Como si se tratara de una fiesta de sorpresa, nos esperaban Ramírez-Eva, su secretaria, Fidel Pérez, su gerente administrativo a quien ya conocía, el asesor de negocios de Luis Somoza, un representante de Arthur D. Little (ADL), un representante de Adela, una firma multinacional de inversiones, y otros de afiliación desconocida. Bruce llegó apurado, pidiendo disculpas por su tardanza, y se sentó junto a mí.

El resumen que me dio durante nuestro fin de semana en el cafetal de Matagalpa me llegó como en un sueño:

El análisis de Metasa es la verdadera razón por la cual estás aquí, Larry. Tienen a Arthur D. Little (ADL), la gran firma consultora americana conduciendo un estudio, pero Metasa solamente le comunica a ADL la historia oficial. Luis Somoza, quien manda en el país, controla la junta, así que ¿cómo puede ADL hacer otra cosa? ADL mirará el reloj de Metasa y les dirá qué hora es.

Uno con quien te vas a topar es *Adela Investment Company*. Fue creado por la Fundación Ford de los Estados Unidos para suscribir inversiones del sector privado en América Latina donde habría reformas sociales y económicas. Muchas compañías de Europa, Norteamérica, y Japón capitalizaron a Adela. Sus operaciones tienen su sede en Lima, Perú. El gerente de

of Adela, a multinational developmental investment firm, plus a few other figures of unknown affiliation. Bruce hurried in at the last moment, apologizing for his delay, and sat down next to me.

His briefing to me at our weekend at the Matagalpa coffee plantation came to mind as if in a dream:

The Metasa analysis is what you're really here for, Larry. They have Arthur D. Little (ADL), the big U.S. consulting firm doing a study, but Metasa will only tell ADL the official story. Luis Somoza, who runs the country, controls the board so how can ADL do otherwise? ADL will look at Metasa's watch and tell them what time it is.

One of those you will run into is Adela Investment Company. It was created by the U.S. Ford Foundation to underwrite private sector investments in Latin America where there would be social and economic reforms. A lot of companies from Europe, North America, and Japan capitalized Adela. Their operations are headquartered in Lima, Peru. Their manager for this area is very smart, but he knows he has to play by the rules.

The ADL representative didn't say anything—he didn't even introduce himself—and sat quietly, doodling through the whole meeting. The Adela representative—a Lee Marvin look-alike—was very personable and told funny stories, but he was vague about Adela's commitment to investing in Metasa. Adela was introduced by Ramírez-Eva's secretary as "The UN," a facetious

esta zona es muy listo, pero sabe que tiene que atenerse a las reglas del juego.

El representante de ADL no dijo nada—ni siquiera se presentó—se pasó la reunión garabateando en silencio. El representante de Adela—el doble de Lee Marvin—fue amable y contó chistes, pero mostró vaguedad en cuanto al compromiso de Adela de invertir en Metasa. Adela fue presentada por la secretaria de Ramírez-Eva como "La ONU," comentario chistoso que provocó risitas debido a los varios países involucrados en su organización.

Yo fui presentado por Jorge simplemente como "nuestro nuevo analista de MIT en Estados Unidos."

Mientras leía los puntos destacados de mi informe pude notar los semblantes mortecinos de todos, pues estaba claro que mis resultados eran rutina bien sabida. Hasta la deuda por equidad de los japoneses parecía noticia vieja. Los asistentes empezaron a inquietarse en sus asientos. Jorge me miró como si tratara de extraer de mi alguna nota de interés, y preguntó: —En resumen, Larry, ¿qué es lo más saliente que se pudiera hacer para sacar a Metasa del hueco?

De repente los presentes se enderezaron, anticipando un descubrimiento en potencia—o quizá el fin de una presentación tediosa. Finalmente, me llené de coraje. Me habían traído hasta aquí como un joven y brillante experto en gerencia, y tenía que decir las cosas como las veía.

—No hay que andar por las ramas—comencé, —Metasa debe trabajar con un abastecedor de acero para recibir su experiencia técnica y tal vez equipo de producción moderno, además del acero. Este arreglo sería

remark which drew chuckles because of all the countries involved in its organization.

I was simply introduced by Jorge as "Our new analyst from MIT in America."

While reading through the highlights of my report I could see by everyone's glazed expressions that my findings were routine and expected. Even the Japanese debt-for-equity swap seemed old news. The attendees began to fidget. Jorge looked at me as if trying to coax out a major insight and asked: "In short, Larry, what single thing can be done to get Metasa out of the hole?"

People suddenly sat up attentively, in anticipation of a potential breakthrough—or maybe just the end of a tedious presentation. Finally, I summoned my courage. Brought here as a bright young management expert, I had to tell it as I saw it.

"Let's face it," I began. "Metasa must work with a steel supplier to receive its technical expertise and perhaps modern production equipment, in addition to their steel. This whole package should be cheaper than buying the components of it separately and a better alternative than finding the supplier eventually taking over Metasa."

"And who would be such a supplier?" the Adela representative asked.

All eyes focused on me but all I could answer was, "The Japanese!"

Jorge jumped to intercede, thanking me for my presentation, saying that it would give everyone a lot to think about.

Ramírez-Eva worked his way around the room shaking hands and exchanging a few nice words with each

más barato que comprar los componentes por separado y una mejor alternativa a tener que ver como el abastecedor gana control sobre Metasa.

—¿Y quien sería ese abastecedor?—el representate de Adela preguntó.

Todos los ojos estaban fijos en mi, y todo lo que pude responder fue, —¡Los japoneses!

Jorge intercedió, dándome las gracias por mi presentación, diciendo que les daría a todos mucho en qué pensar.

Ramírez-Eva se movió por la sala estrechando manos e intercambiando algunas palabras con los asistentes. Los invitó a todos a almorzar en el Country Club, pero ninguno aceptó. Cuando llegó a mi, el último que estaba de pie, dijo, —Vamos a almorzar fuera de la oficina. Los empleados han organizado una barbacoa y tal vez nos podemos unir a la diversión.

No estaba seguro de la dirección que estaba tomando esto ni por qué todos rechazaron la invitación a almorzar, pero pensé que sería mejor ir con Ramírez-Eva a Metasa y ver por dónde iba el asunto. Además, ya yo planeaba salir de Nicaragua en unos cinco días, con lo que tenía poco tiempo para formar una buena relación de negocios y personal con él. Irónicamente, yo había recibido una oferta de trabajo por parte de Arthur D. Little en su sede de Cambridge, Massachusetts, Estados Unidos. Había trabajado para ellos el verano anterior, y estaban ansiosos porque regresara. Solamente Jorge y Bruce estaban enterados.

A la salida los pasamos a los dos mientras conversaban en la puerta. Sonrieron, y Bruce dijo simplemente, —Buen

attendee. He also invited everyone to lunch at the Country Club, but no one accepted. When he came to me, the last person standing, he said, "Let's have lunch outside at our main office. The employees are having a cookout and maybe we can join the fun."

I wasn't sure where this was leading or why everyone else declined the lunch invitation, but I thought it best to go with Ramírez-Eva to Metasa and see what would develop. Also, I was planning to leave Nicaragua in about five days, so time was running out to develop a good business and personal relationship with him. Ironically, I had an offer to join Arthur D. Little in their Cambridge, Mass., USA headquarters. I had worked for them the previous summer, and they were anxious for me to return. Only Jorge and Bruce knew about this.

On our way out we passed both of them chatting at the door. They smiled, and Bruce simply said, "Good job, Larry." Jorge handed me a handwritten note that said:

- I like it. Good succinct analysis.
- Of course, it's run like a government! The Nicaraguan government!
- It'll be interesting to compare this with the ADL report.
- And don't let yourself be caught again recommending C. Itoh (the Japanese steel trading company) against ADL!

I was beginning to grow a little uneasy about Ramírez-Eva, and Jorge's note bolstered my spirits and resolve.

trabajo, Larry —. Jorge me extendió una nota escrita a mano que decía:

- Me gusta. Un análisis bueno y sucinto.
- Desde luego, ¡funciona como un gobierno! ¡El gobierno nicaragüense!
- Sería interesante compararlo con el informe de ADL.
- ¡Y no dejen que te agarren de nuevo recomendando a C. Itoh (la compañía japonesa de acero) contra ADL!

Ya me sentía intranquilo con Ramírez-Eva, y la nota de Jorge me apuntaló en mi determinación.

El chófer de Metasa nos llevó a Ramírez-Eva, su secretaria, Pérez, y a mi al complejo central de la compañía a unos 15 minutos más en las afueras de la ciudad. Caminamos por un área verde donde los empleados disfrutaban de un almuerzo en mesas de picnic bajo el cálido sol. Ramírez-Eva dijo que quería estar solo conmigo, y nos llevaron a una mesa simple bajo una sombrilla y con dos sillas plegables. Él pidió emparedados y sodas. Mi posición con él parecía ser ahora como la de un empleado.

Ramírez-Eva parecía áspero, levantándose de vez en cuando para hablar con algún empleado que pasaba y darle palmadas en la espalda. Parecía que me demostraba su liderazgo natural hacia los empleados y que quería borrar cualquier duda que hubiera podido tener de ser el líder supremo de su majestuosa empresa. Empecé a pensar que buscaba la aprobación que no recibió con mi presentación por parte de líderes de negocios y del

The Metasa driver took Ramírez-Eva, his secretary, Pérez, and me to the main company complex about 15 minutes further out of town. We walked to a grassy area where employees were enjoying lunch at picnic tables in the warm sun. Ramírez-Eva said that he wanted to be alone with me, and we were shown to a simple table under a beach umbrella and with two folding chairs. He ordered sandwiches and soft drinks for us. My status with him now seemed almost like that of an employee.

Ramírez-Eva seemed edgy, jumping up now and then to chat with a passing employee and pat them on the back. It seemed like he was demonstrating to me his natural leadership of the employees and maybe erasing any self-doubts he might have had about being the right leader of this majestic enterprise. I was beginning to think that he sought approval that he didn't get in my presentation from leaders in business and government. He might be imagining that with his new house, "I will show them!"

He turned to me. "Remember our talk at the Country Club? I still think you could be a very valuable employee and eventually a partner, although today I saw that you have a lot to learn. It takes experience dealing with all kinds of real people. But before you know it, you will be having dinner with Luis and me. I've already mentioned you to him. We have to find you a fine wife. Buy a house. Settle down. Build the business with me."

"It would be a great challenge and great honor to work for you," I said as enthusiastically as I could, "but what do we do if I see something in a different way than you? If I discover a truth that I strongly believe is important to the business and you disagree, do I forget about that truth? Do

gobierno. Puede haber estado imaginando que con su nueva casa, "¡Ya les mostraré!"

Se volvió hacia mi. —¿Recuerdas nuestra conversación en el Country Club? Todavía pienso que serías un valioso empleado y eventualmente un socio, aunque hoy veo que tienes mucho que aprender. Toma experiencia bregar con todo tipo de gente. Cuando menos lo pienses, te encontrarás cenando con Luis y conmigo. Ya le he mencionado tu nombre. Tenemos que encontrarte una buena esposa. Compra una casa. Sienta cabeza. Construye el negocio conmigo.

—Sería un gran reto y un gran honor trabajar para tí— dije con todo el entusiasmo que pude—pero ¿qué hacemos si veo algo de modo diferente al tuyo? Si descubro una verdad y creo firmemente que es importante para el negocio, y tu no estás de acuerdo, ¿olvido esa verdad? ¿La enterramos y olvidamos que fue descubierta? ¿Seguimos adelante como si nada hubiera pasado?

—Larry, amigo mío, los absolutos son para la iglesia y los filósofos. En nuestro mundo hay matices de verdad.

En mi idealismo de 23 años, pude ver que esta conversación me estaba llevando a donde yo no quería ir. Además, Ramírez-Eva estaba levantando presión por dentro. Yo había detonado algo. Un fusible estaba encendido. Incluso sentí que deseaba agredirme. Pegó con el puño sobre la mesa y me gritó, —¿Quién crees que eres para recomendar que le entregue mi compañía a los japoneses?

—Eso no es exactamente lo que dije—respondí, logrando mantener la calma.

—Quizá. Pero todos lo entendieron así .

we bury it and forget that it was ever found? Do we just move on as if nothing ever happened?"

"Larry, my friend, absolutes are for the church and philosophers. In our world, there are shades of truth."

In my 23 years old idealism, I could see that this conversation was leading me to where I didn't want to go. Furthermore, Ramírez-Eva was building up pressure inside. I had triggered something. A fuse was burning. I actually sensed that he was thinking about assaulting me. He pounded the table and shouted at me, "Who do you think you are to recommend that I hand my company over to the Japanese?"

"Well, that's not exactly what I said," I managed to sound calm.

"Maybe. But everyone understood it that way"

Fortunately, the employees were far enough away so no one could hear clearly what we were saying and we were speaking in English. I think Ramírez-Eva was so worked up he didn't care.

"So here's your choice" he said, now realizing that he was attracting attention and lowering his voice.

"Do you see those beautiful girls over there playing cards? Pick one and I will get her for you. Would you like to go to Miami once in a while with your girl and have some fun? You can take my plane."

He paused to see if I was interested. Then he went on, "But if you don't play my game my way, things could happen. Maybe when you're walking down the street and unaware of the drunken campesino driving behind you. You could have an unfortunate accident," he quietly threatened, his eyes piercing mine.

Afortunadamente, los empleados estaban lo suficientemente lejos como para que ninguno pudiera oír lo que decíamos, y estábamos hablando en inglés. Creo que Ramírez-Eva estaba tan alterado que no le importaba.

—Ésta es tu opción—dijo, ya dándose cuenta de que estaba llamando la atención, y bajando la voz.

—¿Ves a aquellas lindas muchachas jugando a las cartas? Escoge una y te la consigo. ¿Quieres ir a Miami de vez en cuando con tu muchacha a divertirte? Toma mi avión.

Hizo una pausa para ver si yo estaba interesado. Y continuó, —Pero si no juegas por mis reglas, pueden suceder cosas. Tal vez vas caminando por la calle sin notar al campesino borracho en un automóvil detrás de ti. Pudieras tener un desafortunado accidente—amenazó por lo bajo, su mirada penetrando la mía.

Me sentía agotado. Estaba emocionalmente exhausto y asumí que él también lo estaba. Caminamos al área del lobby sin una palabra entre nosotros. Llamó a su chófer para que me llevara de regreso al hotel. -Piénsalo—dijo, tras estrechar mi mano sin firmeza. Ambos sabíamos que yo no regresaría a Metasa.

Al día siguiente, o el lunes a más tardar, les hablaría a Jorge y a Bruce de mi firme decisión de salir de Nicaragua y buscar aventura y fortuna en otro sitio. En la tarde del lunes fui a la oficina de All America Cables and Radio para enviar este cable a ADL:

I was drained. Emotionally wrung out, and assumed he was too. We walked to the lobby area with neither of us saying anything. He called for his driver to take me back to my hotel. "Think it over," he said after a weak handshake. We both knew I would not return to Metasa.

The next day, or Monday at the latest, I would tell Jorge and Bruce of my firm decision to leave Nicaragua and seek adventure and fortune elsewhere. On Monday evening I went to the All America Cables and Radio office and sent this cable to ADL:

JOHN DEVEREUX-
ACCEPT YOUR OFFER STOP PARDON DELAY IN REPLYING STOP LETTER FOLLOWS
LAWRENCE KILHAM

Early the next day I bought a bus ticket for the scenic ride to San Jose, Costa Rica. I would do some sightseeing and fly back to Guatemala, do some sightseeing there, and then fly to Mexico for rest and relaxation in Acapulco.

My story—or should I say Ramírez-Eva's story—is not over. In the next chapter, *the* mystery will be revealed.

JOHN DEVEREUX-
ACEPTO SU OFERTA PUNTO DISCULPE DEMORA EN
CONTESTAR PUNTO CARTA SIGUE
LAWRENCE KILHAM

Temprano al día siguiente compré un boleto de autobús
para la ruta escénica a San José, Costa Rica. Allí visitaría
lugares turísticos y abordaría un vuelo a Guatemala,
visitaría lugares de interés, y luego tomaría un avión a
México para descansar y relajarme en Acapulco.

Mi historia—o tal vez debo decir la historia de Ramírez-
Eva—no termina aquí. En el próximo capítulo, el misterio
será revelado.

13
LA GARRA DE ACERO

El esqueleto en el armario era U.S. Steel. La compañía había estado trabajando con Ramírez-Eva de modo informal casi desde la fundación de Metasa. Todos sabían que la maquinaria de producción de Metasa estaba obsoleta y en pobres condiciones, pero solamente Ramírez-Eva y otros pocos sabían de dónde procedía.

U.S. Steel estaba cerrando sus disminuidas operaciones y realizando adquisiciones estratégicas en Latinoamérica y otros lugares. En los años 60 estaban en proceso de cerrar algunas plantas en los Estados Unidos y ansiosos por vender su maquinaria obsoleta en el extranjero. A la vez, planeaban aumentar la capacidad productiva y poseer compañías fabricantes de acero en el extranjero.

En 1901 U.S. Steel era un conglomerado de varias compañías de acero estadounidenses fundadas a mediados de los 1800. Esta gigantesca compañía americana de acero, con sede en Pittsburgh, Pennsylvania, creció de tal modo porque tanto ella como las compañías que adquirió se las arreglaron para suministrar la mayor parte del acero necesario para construir la infraestructura de los Estados

13
THE GRIP OF STEEL

The skeleton in the closet was U.S. Steel. They had been working informally with Ramírez-Eva almost from the founding of Metasa. Everyone knew that Metasa's production machinery was obsolete and in poor condition, but only Ramírez-Eva and a few others knew where it came from.

U.S. Steel was closing down shrinking U.S. operations and doing strategic acquisitions in Latin America and elsewhere. In the 1960s, they were closing some U.S. plants and were eager to sell their obsolete machinery abroad. At the same time, they were planning to build production capacity and to own steel fabricating companies overseas.

U.S. Steel was the conglomeration in 1901 of several American steel companies founded in the mid-1800s. This behemoth American steel company, headquartered in Pittsburgh, Pennsylvania, grew so large because it and the companies it acquired managed to supply the majority of the steel to build the infrastructure of the United States. After that expansion phase, it found new sales to the military efforts of World War I and World War II. At the

Unidos. Después de esa fase de expansión, logró nuevas ventas hacia los esfuerzos militares de la primera y segunda guerras mundiales. Al comienzo del siglo veinte, U.S. Steel era dueña de cientos de molinos, minas, y líneas ferroviarias. Abarcaba un 60% de la producción americana de acero y 30% de la producción mundial.

La venta mundial de acero iba en declive en 1960, por lo que U.S. Steel comenzó a cerrar las operaciones sin suficientes ganancias. Las ciudades con plantas de acero que una vez habían sido prósperas se convirtieron en ejemplos decadentes del "cinturón del óxido" americano. Por lo tanto, U.S. Steel hizo lo que tantas otras compañías multinacionales han hecho en tiempos de estancamiento y deterioro: Vendió sus viejas maquinarias y equipos por centavos de dólar a nuevas compañías en países emergentes.

Para estas nuevas compañías, era un modo ideal para echar a andar a bajo costo. Recibían equipo probado, aunque gastado y obsoleto. A menudo los dueños empresarios empleaban a algunos expatriados quienes, como ingenieros y gerentes conocían el equipo y la industria, para ayudarles a realizar sus operaciones.

Este era el humo delator en Metasa. Todos sabían que el viejo y chirriante equipo siempre necesitaba reparaciones, pero si Ramírez-Eva no lo hubiera comprado por casi nada, Metasa nunca hubiera sido fundada. Como sus directores no se dedicaban al acero y se enfocaban en otras cosas, muchas veces opinaban, —Si todavía funciona, ¿para qué reemplazarlo? —. Con el paso del tiempo, la maquinaria y el equipo de producción originales se hicieron demasiado caros de mantener y

beginning of the twentieth century, U.S. Steel owned hundreds of mills, mines, and railroads. It accounted for 60% of American steel production and 30% of world steel production.

World steel sales were in decline by 1960, so U.S. Steel began shutting down its unprofitable operations. Steel mill towns that had once been prosperous became decaying denizens of the American "rust belt." Therefore, U.S. Steel did what many other multinational companies have done in times of stagnation and decline: They sold their old machinery and equipment at cents on the dollar to new companies in the emerging countries.

For these new companies, this was a great way to get launched at low cost. They received proven equipment, albeit worn and obsolete. Often the entrepreneurial owners hired a few expatriates who, as engineers and managers, knew the equipment and the industry, to help run their operations.

This was the smoking gun at Metasa. Everyone knew their creaky old equipment always needed repairs, but if Ramírez-Eva hadn't bought it for almost nothing, Metasa would never have been founded. Because the directors were not steel men and were focused on other things, they often responded, "If it still works, why replace it?" As time passed, the original production machinery and equipment became too expensive to maintain and too unproductive compared to the latest technology.

From the beginning, Ramírez-Eva must have had a good working relationship with at least one well-respected person at U.S. Steel. That person was probably a man who was a scientist or engineer who they sent abroad now and

demasiado poco productivos en comparación con la más reciente tecnología.

Desde el principio, Ramírez-Eva debió haber tenido una buena relación con al menos una persona respetable en U.S. Steel. Esa persona era probablemente un científico o un ingeniero a quien enviaban al extranjero de vez en cuando para explorar oportunidades. Debía ser agradable, hacer esfuerzos por aprender un poco del lenguaje local, debía ser habilidoso en el arte de formar acuerdos con sus contactos locales, y preferiría no anotar la mayor parte de los detalles para proteger a todos los que estuvieran involucrados. Los documentos escritos serían producidos cuando el proyecto estuviera en condiciones de ser conocido por el público

Cuando un buen proyecto merecía que su compañía realizara una inversión, este "explorador" facilitaría visitas de ingenieros, contables, gerentes, consultantes, y otros. Ellos formarían el equipo que estudiaría y documentaría el proyecto para ser revisado y aprobado por la oficina matriz. En los años 70 y 80, participé en varios proyectos de industrialización de plásticos en Latinoamérica y estoy familiarizado con el proceso.

En agosto de 1968 U.S. Steel compró control en Metasa. Usualmente toma varios años para concluir la compra de una compañía por otra en circunstancias como las de Metasa—especialmente si el comprador es una burocracia conservadora como U.S. Steel y la compañía adquirida está en las junglas de Centroamérica. Los almidonados directores de U.S. Steel sospecharían de la información disponible y de la estabilidad política en Nicaragua, entre

then to explore prospective opportunities. He would be personable, make an effort to learn at least some of the local language, skilled at making handshake agreements with his local contacts, and preferred not to record most details for the protection of everyone concerned. Written documentation would follow when a project could be made public.

When a good project merited investment by his company, this advance man would pave the way for visits by engineers, accountants, managers, consultants and others. They would study and document the project for home office review and approval. In the 1970s and 1980s, I participated in several plastics industry projects in Latin America and so I am familiar with the process.

On August 1968, U.S. Steel bought controlling interest in Metasa. It usually takes several years to conclude the purchase of one company by another in circumstances like Metasa's—especially when the buyer is a conservative bureaucracy like U.S. Steel and the acquired company is in the wilds of Central America. U.S. Steel's starchy directors would be suspicious of the information offered and the political stability in Nicaragua, among other things. Three years or more generally would be spent on talks, research, negotiations, and documentation, before the deal could be presented to U.S. Steel's board of directors.

The engagement would have started before the marriage. When U.S. Steel saw Metasa floundering financially and struggling with their Japanese supplier, they would sense the opportunity and informally approach someone to discuss a possible future together. Ramírez-Eva was the

otras cosas. Tres años o más transcurrirían entre conversaciones, investigaciones, negociaciones, y documentación antes de que el acuerdo pudiera ser presentado ante la junta directiva de U.S. Steel. El compromiso habría comenzado antes del matrimonio. En cuanto U.S. Steel viera el declive financiero de Metasa y su conflicto con el suministrador japonés, intuiría la oportunidad y abordaría de modo informal a alguien para discutir la posibilidad de un futuro juntos. Ramírez-Eva era la persona indicada porque ya debía ser bien conocido por al menos un empleado importante de U.S. Steel, estaba en la junta directiva de Metasa, y podía sonsacar a los otros directores quienes terminarían por aprobar el trato.

El acuerdo debía estar agenciado, aunque no documentado antes de hacerse público. Los negociadores no querían alertar a los sandinistas, a las uniones, o a la prensa antes de tiempo para evitar repercusiones políticas severas. Varios artículos de protesta aparecieron en los periódicos de Pittsburgh en 1968 cuando el acuerdo de compra fue anunciado, y postulaban que muchos empleos se perderían e irían a Centroamérica (Metasa tenía operaciones en todos los países centroamericanos. U.S. Steel compró intereses mayoritarios en las operaciones de Nicaragua y El Salvador).

El romance empezó mucho antes de que yo estuviera en Nicaragua. U.S. Steel debió haber tenido una serie de reuniones secretas con Ramírez-Eva, quien, por una recompensa, acordó convencer a los otros directores de vender al menos las acciones de control de la compañía a U.S. Steel. El pago de una recompensa, comisión, o

obvious person to approach because he must have already been well-known by at least one senior U.S. Steel employee, he was on Metasa's board, and he could charm the other directors who would ultimately have to approve any deal.

This agreement had to have been in place but not written down or announced before it was made public. The negotiators did not want to stir up the Sandinistas, the unions, or the press any sooner than necessary to avoid possible serious political repercussions. There actually were articles of protest in the Pittsburgh area newspapers in 1968 when the purchase agreement was announced, saying that jobs would be lost to Central America (Metasa had operations in all Central American countries. U.S. Steel bought majority interests in the Nicaragua and El Salvador operations).

The romance began well before I was in Nicaragua. U.S. Steel must have had a series of secret meetings with Ramírez-Eva. For a finder's fee, he agreed to convince the other directors to sell at least the controlling share of the company to U.S. Steel. Paying finder's fee, commission, or whatever the payment might be called to the negotiating officer of the selling company was standard practice in those days and it probably is still now. Five to ten percent of the deal amount would be typical. Luis Somoza, as the godfather, would independently require a payment as was confirmed by a person known to me who was familiar with the situation.

Now you know why Ramírez-Eva exploded in the lunch with me! Unwittingly, I could have blown his deal! Powerful people who did not yet know about his U.S. Steel

cualquier otro nombre que se le pudiera dar, al oficial negociante de la compañía que vendía era una práctica acostumbrada en aquellos días y puede que todavía lo sea. De un cinco a un diez por ciento de la cantidad acordada era lo típico. Luis Somoza, como el padrino, requeriría un pago de modo independiente, tal y como fue confirmado por una persona familiarizada con la situación.

¡Ahora ya el lector sabe por qué Ramírez-Eva estalló durante el almuerzo conmigo! Sin darme cuenta, ¡hubiera podido arruinar su acuerdo! Gente poderosa que aun no sabía del acuerdo con U.S. Steel se podía haber sentido impulsada a insistir en un arreglo más cercano con los japoneses, basándose en mi fuerte recomendación por esa opción. Si se hubiera llegado a un acuerdo favorable con los japoneses, Ramírez-Eva probablemente no hubiera recibido una recompensa ya que el acuerdo en potencia ya estaría expuesto. Para él, la pérdida hubiera sido de varios millones de dólares en dinero actual.

Los básicos términos de compra de U.S. Steel fueron publicados en la prensa de Pittsburgh. Liquidarían la enorme y creciente deuda de Metasa, y las acciones pasarían a U.S. Steel para que tuvieran intereses de control en Metasa. A cambio de la liquidación de la deuda de Metasa de $4.5 millones (alrededor de $24 millones en dólares en 2016), recibirían un 54% de las acciones de Metasa.

Aunque los detalles sobre quién recibía cuánto por sus acciones en Metasa no fueron publicados, es lógico asumir que la mayoría de las acciones eran nuevas, y no las de accionistas ya establecidos. Estos términos producirían el 54% número por encima, de acuerdo al estado financiero

deal might have been stimulated to push for a closer arrangement with the Japanese, based on my strong recommendation of that option. If a favorable deal was reached with the Japanese, Ramírez-Eva probably would not have received a finder's fee because the potential deal was already in the open. For him, the loss would have been several million dollars in today's money.

U.S. Steel's basic purchase terms were published in the Pittsburgh press. They would liquidate Metasa's huge and growing debt, and shares would be issued to U.S. Steel so that they had a controlling interest in Metasa. In return for U.S. Steel's liquidation of Metasa's $4.5 million debt (about $24 million in 2016 dollars), they would receive 54% of Metasa's stock.

Although details of who received how much for their shares of Metasa stock were not published, it is safe to assume that the majority of the shares were newly issued shares, not shares of the existing stockholders. These terms would produce the 54% number above according to the 1965 Metasa financial statements I have. Not buying all of the shares of the current stockholders would have been consistent with the approach, popular at the time, that the original owners would still have a major stake in the company's success. Everybody's interests were aligned.

Therefore, because Ramírez-Eva couldn't sell many of his shares to U.S, Steel in the transaction, he would need to receive a cash reward in the form of his commission.

The years after I left Nicaragua and during the U.S. Steel acquisition of Metasa were busy ones for Ramírez-Eva. In about 1967, he built the huge house he showed me in the

que tengo de Metasa de 1965. El no comprar todas las acciones de los accionistas establecidos hubiera concordado con la noción, popular en aquellos tiempos, que los dueños originales mantendrían su tajada en el éxito de la compañía. Los intereses de todos estaban alineados.

Por lo tanto, como Ramírez-Eva no podía vender muchas de sus acciones a U.S. Steel en la transacción, debía recibir un premio en efectivo en forma de comisión.

Los años después de haberme ido de Nicaragua, y durante la adquisición de Metasa por U.S. Steel fueron años de mucho quehacer para Ramírez-Eva. Alrededor de 1967 construyó la enorme residencia que me había mostrado en el dibujo. Era la casa más grande de Managua y frecuente tópico de conversación en toda la ciudad. Estaba en un buen vecindario con los vecinos "correctos."

También aumentó su estatura pública al ser el autor principal de un informe de la Cámara de Comercio de Nicaragua en el cual sugería que el gobierno debía intervenir en el sector industrial. Razonaba que debía haber más servicio eléctrico y suministro de agua que fueran más baratos, así como una infraestructura moderna. El gobierno también debía facilitar relaciones de intercambio y procedimientos con los otros países centroamericanos.

Entonces en Abril de 1967, su patrocinador, Luis Somoza, dictador de Nicaragua, murió de un infarto masivo. Si el país había de tener un dictador, él había sido la mejor opción ya que era mayormente benigno y bien intencionado. A continuación, en una secuencia que era de predecible, su hermano menor, Anastasio "Tachito"

drawing. It was the largest house in Managua and was the talk of the town. It was in a good neighborhood with the "right" people as neighbors.

He also enhanced his public stature by being the principal author of a Nicaragua Chamber of Industries report which suggested that the government should intervene in the industrial sector. It said that there should be more and cheaper electric power and water, and a modern infrastructure. The government should also streamline trade relationships and procedures with the other Central American countries.

Then in April 1967, his patron, Luis Somoza, dictator of Nicaragua, died of a massive heart attack. If the country had to have a dictator, he was the best one because on the whole he was benign and well-intentioned. Following that, in a foregone progression, his younger brother Anastasio "Tachito" Somoza became president and, more importantly, head of the National Guard. On his first day in office in May 1968, he announced his cabinet, including Ramírez-Eva as Minister of the Economy. This Somoza was intolerant of any opposition and conducted a regime of repression. He was well-known for his contempt for the Nicaraguan people he ruled.

It is hard for me to see why Ramírez-Eva would associate with such an immoral person since the association would cause irreparable damage to his reputation. Maybe he thought the Sandinistas would end Somoza's regime long before they did (12 years later in 1979), and when things settled down, he could rise to the top in one major position or another.

Somoza tomó la presidencia y, aún más notable, la dirección de la Guardia Nacional. En su primer día en el poder en mayo de 1968, anunció su gabinete, incluyendo a Ramírez-Eva como Ministro de Economía. Este Somoza no toleraba ninguna oposición y encabezó un régimen represivo. Su desdén por la propia gente nicaragüense sobre quien gobernaba era bien conocido.

Era difícil para mi entender por qué Ramírez-Eva se asociaba con alguien tan inmoral, ya que tal asociación causaría un daño irreparable a su reputación. Tal vez pensaba que los sandinistas terminarían con el régimen de Somoza mucho antes de la fecha en que lo hicieron (12 años más tarde en 1979), y que cuando las cosas se calmaran, él podría subir a la cima en una u otra posición de importancia.

Pensando en tiempo presente, sin embargo, ése hubiera sido un momento oportuno para que Ramírez-Eva obtuviera una posición prestigiosa, ya que el año siguiente U.S. Steel lo hubiera substituido por un hombre de su confianza para dirigir Metasa. Su gloria fue de corta duración, sin embargo, porque el siguiente año, en 1968, Tachito Somoza lo reemplazó como Ministro de Economía por alguien tal vez técnicamente menos calificado, pero un adepto confirmado. Ramírez-Eva, entretanto, continuaba pensando en el bienestar y el progreso de su país. En 1968 publicó "Serios problemas en nuestra economía" en una revista conservadora. Tenía entonces 41 años, y estaba a punto de comenzar a buscar una nueva carrera.

Thinking in the present, however, this was an opportune time for Ramírez-Eva to get this prestigious job because in the following year U.S. Steel would have replaced him by their own man to run Metasa. It was a short-lived glory, however, because a year later in 1968 Tachito Somoza replaced him as Minister of the Economy by someone probably technically less qualified but a confirmed loyalist. Ramínez-Eva, meanwhile, continued thinking about the welfare and progress of the country. In 1968 he published "Serious Problems in Our Economy" in a conservative journal. He was then 41 years old, about to go in search of a new career.

14
EL TERREMOTO

Justo después de la medianoche de diciembre 23, 1972, un devastador terremoto sacudió Managua. La ciudad cayó presa de las llamas, alimentadas por los restos de los edificios y escapes de gas que la hicieron arder por días. Los estimados sobre el índice de muertos muestran gran variación, pero probablemente llegaron a ser más de 10,000. Más de 50,000 hogares fueron destruidos, al igual que iglesias, fábricas, y cuatro hospitales. Los edificios con armazón de acero fueron los únicos notables sobrevivientes.

En una quijotesca decisión, sopesada hasta hoy, las autoridades optaron por reconstruir Managua en el mismo lugar en que había estado, pero dejando 640 cuadras del centro de la ciudad vacante. Los ingenieros opinaban que el área entera podía ser reconstruida con métodos de construcción resistentes a los terremotos. La ciudad es una zona sísmica y volcánica debido a los movimientos de dos plataformas tectónicas que van desde Costa Rica a México. Managua sufrió terremotos en 1885 y 1931.

14
THE EARTHQUAKE

Just after midnight on December 23, 1972, a devastating earthquake rocked Managua. The city broke into flames, fueled by the remains of buildings and escaping gas that caused it all to burn for days. Estimates of the death toll vary widely, but it was probably over 10,000. Over 50,000 homes were destroyed as were churches, factories, and four hospitals. The steel-framed buildings were the conspicuous survivors.

In a quixotic decision that is argued to this day, the authorities decided to rebuild Managua in the same general location, but to leave 640 blocks of the downtown vacant. Engineers said that the entire area could be rebuilt with earthquake-resistant construction. The city is in an earthquake and volcanic zone produced by the movement of two major tectonic plates running from Costa Rica to Mexico. Managua was struck by earthquakes in 1885 and 1931.

The collective national horror and fright that spread as a result of the earthquake and the desperate need to care for the survivors, clear away the damage, and rebuild the

El horror y el susto nacional que cundió como resultado del terremoto, y la necesidad desesperada de atender a los sobrevivientes, quitar los escombros, y reconstruir la ciudad, creó una fuerza desenfrenada por aumentar el poder del presidente, Anastasio "Tachito" Somoza. Mientras las acusaciones de que se había robado grandes cantidades de abastecimientos de emergencia, incluyendo leche para bebés son disputadas, el hecho permanece que había perdido la mayor parte del apoyo residual entre los moderados mientras consolidaba su poder hasta el exceso. Esto fue un factor decisivo que incrementó el apoyo hacia los sandinistas, quienes tomaron el poder en Nicaragua en 1979.

Yo estaba en África cuando leí las noticias sobre el terremoto. Conmocionado, quise tomar un avión de inmediato hacia Managua para brindar apoyo.

No fue hasta cuatro años más tarde, en mayo de 1979 que se me presentó la oportunidad de regresar. Entonces yo era el gerente de ventas en Latinoamérica para una compañía de equipos médicos. No había prospectos de ventas en Nicaragua, pero me las arreglé para hacer una escala de varios días allí.

Traté de hacer contacto con mis conocidos en Nicaragua pero no recibí respuestas de nadie excepto de Bruce Cuthbertson. Asumí que todos o casi todos habían sobrevivido pero probablemente se habían trasladado fuera de Managua, muchos a otros países, o estaban ocupados con la reconstrucción de sus vidas. Bruce dijo que estaría fuera del país durante mi estadía allí, pero tenía un incidente interesante que contarme.

city created an unstoppable force to increase the power of the president, Anastasio "Tachito" Somoza. While claims of his theft of vast amounts of relief supplies including milk for babies are disputed, the fact remains that he lost most of his residual support among moderates as he consolidated his power to the utmost. This would be a major factor fueling the support of the Sandinistas who seized control of Nicaragua in 1979.

I happened to be in Africa when I read about the earthquake. I was shocked, and wanted to fly immediately to Managua and get involved.

It was not until four years later, in May of 1976 that the opportunity presented itself for me to return. I was the Latin American sales manager for a medical equipment company. There were no sales prospects in Nicaragua, but I arranged a few days stopover there.

I tried contacting the people I knew in Nicaragua but received no answers except from Bruce Cuthbertson. I presumed that most or all survived but probably moved out of Managua, many to other countries, or were preoccupied with rebuilding their lives. Bruce said that he would be out of the country when I planned to be there, but he had an interesting incident to tell me.

"My office was in a high building overlooking the Gran Hotel," he began. "The earthquake mostly obliterated its upper story, but in one room where the roof was torn away, we could see a man sitting at his desk talking by microphone and radio transmitter to contacts unknown. People who seemed to know said he was an agent of the CIA." I inquired further and learned that his description matched that of the mysterious "Bill," who I met on my

—Mi oficina estaba en un edificio alto que miraba hacia el Gran Hotel—comenzó — El terremoto derrumbó el piso superior, pero en una habitación donde el techo había colapsado, podíamos ver a un hombre sentado en un escritorio, hablando por medio de un micrófono y un radio transmisor haciendo contactos desconocidos. Algunos que parecían saber dijeron que era un agente de la CIA.—Yo hice averiguaciones y supe que su descripción concordaba la del misterioso "Bill," a quien conocí durante mi vuelo a Managua en 1965, y quien aparentemente era un residente del Gran Hotel, y quien era un conocido de Ana.

Tomé una habitación en el Hotel InterContinental (hoy el Crowne Plaza Hotel. El grupo de Hoteles InterContinentales ha construido otro InterContinental en Managua). Es una enorme estructura piramidal, como una pirámide maya, y desde el terremoto, era el lugar donde se debía estar y ser visto en Managua. Era donde Howard Hughes, los líderes sandinistas, estrellas de cine, reporteros internacionales y muchos otros pasaban temporadas. No tomaría el lugar del Gran Hotel para mi, pero me ayudaría a olvidar mi tristeza.

Alquilé un automóvil con chófer para cada día que iba a estar allí por muy bajo costo. El primer día recorrimos el área donde el centro había estado. Había hectáreas de espacio, tierra aplanada donde alambres, tuberías, y pedazos de vigas sobresalían. Por aquí y por allá algún pobre en harapos escarbaba por los escombros en busca de cualquier cosa que hubiera pasado desapercibida durante los últimos cuatro años. Le di dinero a uno de ellos y quedó en silencio, conmocionado.

1965 flight to Managua, who seemed to be a resident in the Gran Hotel, and who was an acquaintance of Ana.

I checked into the Intercontinental Hotel (This is now the Crowne Plaza Hotel. The InterContinental Hotels Group has built another InterContinental Hotel in Managua). It is a huge pyramid structure, something like a Maya pyramid, and since the earthquake, it was the place to be and be seen in Managua. It was where Howard Hughes, the Sandinista leaders, movie stars, international news reporters and many others hung out. It would not replace the Gran Hotel for me, but it would help me forget my sorrows.

I hired a car and driver for each day I was there at very low cost. On the first day, we drove around where the downtown used to be. There were acres of vast spaces of bulldozed land with wires, pipes and stubs of beams sticking up. Here and there a poor soul dressed in dirty torn clothes could be seen picking through the rubble looking for whatever in the last four years had been overlooked. I gave one some money and he became numb from shock.

We tried to visit the Edificio Palazio, named after a Nicaraguan family, where CNI had its office, but whatever remained of it was out of bounds because we were in the sacred protected area of high government and national treasures. We couldn't even get close to the Gran Hotel which I understood was half destroyed, and its neighborhood was home to dangerous people living in the remains of the old buildings.

On the following day, we drove to the Metasa complex of U.S. Steel in Tipitapa, beyond the airport. There was

Tratamos de visitar el Edificio Palazio, nombrado por una familia nicaragüense, donde CNI había tenido sus oficinas, pero lo que quedaba estaba fuera de nuestro alcance porque estábamos en el área sagrada y protegida por sus tesoros gubernamentales y nacionales. Ni siquiera pudimos acercarnos al Gran Hotel, el cual me habían dicho estaba semi-derruido, y su vecindad era ahora vivienda de gente peligrosa que vivía en las ruinas de los viejos edificios.

Al día siguiente, fuimos al complejo de Metasa de U.S. Steel en Tipitapa, pasado el aeropuerto. Había daños allí también, pero no tan catastróficos. Entré al oscuro lobby — tal vez la electricidad estaba cortada — y pregunté por John Driver. Era un metalúrgico norteamericano muy respetado y quien había guiado la compañía a través de los años, empezando poco después de que ésta fue adquirida. Alguien que pasaba me informó que Driver había regresado a los Estados Unidos el año anterior, pero que alguien me atendería enseguida.

Un joven identificado simplemente como Frank salió y hablamos por un rato. Él había llegado recientemente de los Estados Unidos y estaba obviamente muy ocupado. Cuando le hice la pregunta clave sobre cuándo comenzaron las negociaciones, respondió, con engreimiento empresarial —Bueno, usted debe haber sabido que mantendríamos a Metasa en la mira desde el primer dia—. Fin del tema.

—¿Están ustedes recibiendo mucho acero de los Estados Unidos para ayudar a abastecer productos para el auge de la reconstrucción?

damage there, too, but not as catastrophic. I ventured into the dark lobby—maybe the electricity was out—and asked for John Driver. He was a metallurgist from U.S. Steel who was highly regarded and had guided the company through the years beginning not long after it was purchased. A person passing through informed me that Driver returned to America the year before, but someone would see me shortly.

A young man identified only as Frank came out and we talked a short while. He had just arrived from the States and was clearly very busy. When I asked him my key question about when the negotiations began, he replied with corporate smugness, "Well, you must have known that we would have been keeping an eye on Metasa from Day One." End of subject.

"Are you getting a lot of steel from the U.S. to help supply products for the building boom of reconstruction?"

"No," he answered glumly, "we have to get it from Japan." *Sounds like déjà vu all over again!*

"Well, do you know Arnoldo Ramírez-Eva?" I asked, hoping that he could give me information where I could find my old nemesis.

"No," he said flipping through some business cards. "Who is he?"

"He was an engineer and patriot who founded Metasa."

"Interesting," Frank said as he got up to show me to the door.

That evening I nursed a drink and nibbled on snacks at the bar in the Intercontinental. My exploratory stay in Managua had been disappointing so far. Then, there he

—No—respondió apagado—tenemos que recibirlo de Japón. *¡Me suena a déjà vu!*

—¿Conoce a Arnoldo Ramírez-Eva?—pregunté. Tenía esperanzas de que me pudiera dar información para encontrar a mi viejo némesis.

—No—dijo, mirando unas tarjetas de presentación en secuencia —¿Quién es él?

—El ingeniero y patriota que fundó Metasa.

—Interesante—dijo Frank, levantándose para acompañarme a la puerta.

Aquella noche acaricié una bebida y comí algo salado en el bar del InterContinental. Mi visita exploratoria en Managua era desalentadora. Entonces, ¡allí estaba! *¡Oh! ¡No puede ser... es Ramírez-Eva!* Me acerqué a la figura solitaria en una pequeña mesa en el oscuro recinto, tomando cacahuetes y una cerveza.

— ¡Arnoldo!

Me miró inquisitivo—Espero a alguien. ¿Usted no es Mr. Hensler, de Nueva York?

—No—respondí—Soy el Señor Larry. ¿Me recuerda?

— ¡Dios mío!—dijo, dándose una palmada en la frente, y sonriendo ampliamente—¡Claro que recuerdo! ¿Dónde te fuiste? ¿En qué andas?

Un mensaje fue entregado diciendo que Hensler venía atrasado alrededor de media hora, conque tuvimos tiempo de hablar.

Le di a Arnoldo un sumario de cinco minutos de mis actividades, y entonces le pregunte, —¿Pero qué ha sido de ti? Debe haber hecho muchas cosas.

—Hilda y yo nos vamos de aquí. He trasladado todos mis bienes a un banco privado que he formado en Panamá.

was! *Oh! Can't be! It's Ramírez-Eva!* I went over to the solitary figure sitting at a small table in the dark lounge having peanuts and a beer.

"Arnoldo!"

He looked at me quizzically. "I'm waiting for someone. You're not Mr. Hensler from New York?"

"No," I replied. "I'm Señor Larry. Remember me?"

"Oh my God!" he said, slapping his forehead and breaking into a broad smile. "Of course I remember you. Where did you go? What have you been up to?"

A message was delivered saying that Hensler would be delayed a half-hour so we had some time to talk.

I gave Arnoldo a five-minute summary of my activities and then asked him, "But what about you? You must have done many things."

"Hilda and I are leaving. I've moved all my assets to a private bank I set up in Panama. We have a nice condo there. The Sandinistas will grab everything sooner or later. It will be up to our sons to get my house back if they want it as their share of my legacy. Funny, isn't it? It was just a sketch on paper when I showed it to you."

"And what are you doing now?"

"I could have a political future here if I wanted it, — perhaps even run the country — because Somoza won't last forever. The country will need a younger man with fresh ideas, perspectives, and international recognition. But enough of that! Now I'm free to give advice at international conferences, do some consulting and investing — you know how it goes. With fees and savings, Hilda and I have enough to enjoy our remaining years if we can just get out of this country."

Tenemos un bonito condominio allí. Los sandinistas lo agarrarán todo tarde o temprano. Serán mis hijos quienes deberán reclamar la casa si es lo que quieren como su parte de mi legado. Gracioso ¿no? No era más que un esbozo en papel cuando te la mostré.

—¿Y qué hace ahora?

—Pudiera tener un futuro en la política aquí—tal vez hasta pudiera gobernar el país—porque Somoza no va a durar para siempre. Este país necesita un hombre más joven con ideas frescas, perspectivas, y reconocimiento internacional. ¡Pero ya basta de eso! Ahora soy libre de dar consejos en conferencias internacionales, consultar, invertir—ya sabes cómo es eso. Con estipendios y ahorros, Hilda y yo tenemos lo suficiente para disfrutar de los años que nos quedan, si podemos simplemente irnos de éste país.

—¿Tiene algún consejo para mí?—pregunté.

Me miró con esos ojos penetrantes de nuevo como cuando me dio el ultimato. -Todos tenemos que jugar con las cartas que nos tocan. Tú eres libre, y puedes decir la verdad. Yo tenía que luchar. Tenía que bregar con matices de la verdad.

Un hombre tan alto como yo se acercaba guiado por el botones, quien reconoció a Ramírez-Eva.

Al levantarse para estrechar la mano del visitante, Ramírez-Eva dijo—Debes venir a vernos en Panamá.

Diecisiete años más tarde Ramírez-Eva abordó un vuelo comercial de Panamá a Medellín, Colombia. En el transcurso del vuelo hubo serios problemas de navegación, incluyendo una señal direccional (VOR/DME) basada en

"Any advice for me?" I asked.

He looked at me with those eyes boring in again just like when he gave me the ultimatum. "We all have to play with the cards we are dealt. You are free, so you can tell the truth. I had to struggle. So I had to deal in shades of truth."

A tall man like me was coming over guided by a bellhop who recognized Ramírez-Eva.

As he got up to shake hands with his visitor, Ramírez-Eva said, "You'll have to come see us in Panama."

Seventeen years later Ramírez-Eva took a commercial flight from Panama to Medellin, Colombia. On the way, there were serious navigational problems including a ground directional signal (VOR/DME) inoperative due to guerrilla sabotage. The plane flew into a hill. There were no survivors.

tierra que no funcionó debido a sabotaje por parte de la guerrilla. El avión se estrelló contra una colina. No hubo sobrevivientes.

Epílogo

Hubo un devastador evento más que sacudiría mi mundo en Nicaragua. En julio de 1979, tres años después de mi último viaje, las fuerzas del Frente Sandinista de Liberación Nacional (FSLN) entraron a Managua. El 17 de Julio, el Presidente Anastasio "Tachito" Somoza renunció, y el gobierno cayó bajo el completo control de los revolucionarios. Somoza huyó a Paraguay después de que le fuera negado asilo en los Estados Unidos, y fue asesinado en 1980.

En 1979, las fuerzas rebeldes de la Contra, respaldadas por los Estados Unidos, comenzaron sus ataques contra las fuerzas revolucionarias en el poder. Esto continuó hasta 1990. En 1984, Daniel Ortega, líder del gobierno del FSLN fue electo presidente. Sin embargo, los Sandinistas sufrieron un considerable revés en 1990, cuando Violeta Chamorro, viuda del mártir editor del periódico independiente *La Prensa,* fue electa presidente. Nicaragua se orientaba hacia la democracia, aunque ha habido mucha turbulencia política desde entonces.

EPILOGUE

One more earthshaking event happened to my world in Nicaragua. In July 1979 three years after my last trip, the Sandinista National Liberation Front (FSLN) forces entered Managua. On July 17, President Anastasio "Tachito" Somoza resigned and the government was under the full control of the revolutionaries. Somoza fled to Paraguay after being refused asylum in the United States and was assassinated in 1980.

In 1979, the Contra rebel forces backed by the United States began their attacks against the revolutionary government forces. This continued through 1990. In 1984, Daniel Ortega, leader of the FSLN government was elected president. The Sandinistas suffered a major setback in 1990, however, when Violeta Chamorro, widow of the assassinated publisher of the independent newspaper *La Prensa*, was elected president. Nicaragua was turning to democracy, although there has been much political turbulence since.

Metasa, meanwhile, then a subsidiary of U.S. Steel, was

Metasa, que era entonces subsidiaria de U.S. Steel, fue tomada por los Sandinistas en 1979. La manejaron hasta 1999, cuando fue reorganizada. Su nombre cambió a Indenicsa. Hoy parece estar funcionando bien.

Arnoldo Ramírez-Eva se trasladó a Panamá tal y como dijo que lo haría. Su casa había sido tomada por los Sandinistas. Él se mantuvo activo en la política nicaragüense. En una reunión de la Unión Nicaragüense de Oposición (UNO) en Costa Rica, en 1987, dijo – Llamémoslo una crisis constitucional – hablando como representante del Partido Constitucional Nicaragüense en el Exilio. – Si ésto (la crisis constitucional) continúa, ponemos en peligro el continuo apoyo de los Estados Unidos.

En 1982, reincorporó su Banco Bolívar de Nicaragua a Panamá y nombró a su esposa, Hilda, tesorera y directora. Antes de la toma de poder por los Sandinistas, ya había trasladado sus bienes financieros a Panamá. En 1991 incorporó Adensa International Consultants en Miami, nombrándose a sí mismo presidente. Además incorporó Bolívar International Marketing en Miami, con él como vice-presidente.

La Corporación Nicaragüense de Inversiones, o CNI, mi empleador, fué restructurada en 1970 debido a inversiones fallidas. Jorge Montealegre, gerente general y mi jefe, renunció y se trasladó a California donde fue empleado por Wells Fargo Bank.

Los sandinistas se apoderaron de Sovipe en 1979 y sus mayores vienes fueron robados o destruidos. Los esfuerzos han continuado hasta el presente para reconstruir el

taken over by the Sandinistas in 1979. They ran it until 1999 when it was reorganized. Its name was changed to Indenicsa. It appears to be doing well.

Arnoldo Ramírez-Eva moved to Panama as he said he would. His house had been seized by the Sandinistas. He remained active in Nicaraguan politics. At a 1987 meeting of the United Nicaraguan Opposition (UNO) in Costa Rica, he said, "Let's call this a constitutional crisis," speaking as a representative of the Nicaraguan Constitutional Party in exile. "If it (the constitutional crisis) continues, we jeopardize continued support from the United States."

In 1982, he reincorporated his Bolivar Bank from Nicaragua to Panama and named his wife Hilda treasurer and director. Prior to the Sandinista takeover, he had moved his financial assets to Panama. In 1991 he incorporated Adensa International Consultants in Miami with himself as president. He also incorporated Bolivar International Marketing in Miami with himself as a vice president.

The Corporación Nicaragüense de Inversiones (The Nicaraguan Investment Corporation or CNI), my employer, was restructured in 1970 due to bad investments. Jorge Montealegre, general manager and my boss, resigned and moved to California where he was employed by Wells Fargo Bank.

The Sandinistas took over Sovipe in 1979 and the major assets were stolen or trashed. There have been efforts continuing to the present to rebuild the business. Enrique Pereira, its managing director, moved to Florida in 1980.

Bruce Cuthbertson married in 1971 and built a spectacular modern house he called Las Nubes (The

negocio. Enrique Pereira, su director, se trasladó a la Florida en 1980.

Bruce Cuthbertson se casó en 1971 y construyó una espectacular casa moderna en 1974 a la cual llamó "Las Nubes," en la cima de una montaña al sur de Managua. Se trasladó al área de Miami en 1979 y se convirtió en un exitoso consultante, constructor, y banquero. Su última asignación en Sovipe fue como gerente de la división de Iselsa. Durante ese tiempo, era presidente del Committee to Recover American Properties in Nicaragua, lo cual requería que pasara mucho tiempo en Washington, incluyendo el tiempo para testificar en el Congreso. La casa de Bruce en Nicaragua fue confiscada por los Sandinistas en 1983. Tras mucha presión por parte de los Estados Unidos, su residente, el general Sandinista Joaquín Cuadra Lacayo, le pagó a Bruce por su casa quince años después.

El general Cuadra también devolvió a los Salazar lo que quedaba de Santa María de Ostuma, el hotel de la montaña en Matagalpa donde pasamos un maravilloso fin de semana. Jorge Salazar, el prometedor vástago de ésta familia, y a quien conocimos, fue engañado y asesinado en 1980 por los sandinistas.

Oh, y el Gran Hotel donde comenzó mi aventura… Los sandinistas convirtieron lo que quedaba del primer piso en un escenario de teatro sobre la piscina. Algunos de los espacios del primer piso son hoy galerías de arte y zonas para el personal. Ahora forma parte del Instituto Nicaragüense de Cultura (INO), el cual incluye galerías, el Museo Nacional, y el Archivo Nacional de Películas. En la misma área de la plaza, la catedral permanece cerrada

Clouds) on a mountaintop south of Managua in 1974. He moved to the Miami area in May 1979 and became a successful consultant, builder, and banker. His last assignment at Sovipe was manager of the Iselsa Division. During those times, he was the president of the Committee to Recover American Properties in Nicaragua which required spending a lot of time in Washington including testifying to Congress. Bruce's Nicaragua house was seized by the Sandinistas in 1983. After considerable U.S. pressure, its resident, Sandinista general Joaquín Cuadra Lacayo, paid Bruce for his house fifteen years later.

General Cuadra also returned the remains of Santa María de Ostuma, the Matagalpa mountain hotel where we had the delightful weekend, to the Salazars. Jorge Salazar, the promising young scion of this notable family and whom I met, was deceived and killed in 1980 by the Sandinistas.

Oh, and the Gran Hotel where my adventure started...The Sandinistas converted the remains of the first floor to a theater with the stage over the swimming pool. Some of the first floor rooms are art galleries and staff areas. It is now part of the Nicaraguan Institute of Culture (INO), which includes galleries, the National Museum, and the National Film Archives. In the same plaza area, the cathedral remains closed due to its earthquake damage, and the old Presidential House is now known as the Casa de los Pueblos (House of the People).

As for me, after I left Nicaragua I joined Arthur D. Little, Inc. (ADL) the international consulting firm based in Cambridge, Massachusetts, U.S.A., which did the study of Metasa. I enjoyed a number of domestic and international

debido a los daños sufridos durante terremotos, y la vieja Casa Presidencial es conocida ahora como Casa de los Pueblos.

Por mi parte, después de salir de Nicaragua pasé a formar parte de Arthur D. Little, Inc. (ADL) la firma consultora internacional basada en Cambridge, Massachusetts, Estados Unidos que hizo el estudio de Metasa. Disfruté de un número de proyectos domésticos e internacionales. Entre los primeros fue el viajar a Arabia Saudita para estudiar su naciente industria de hierro y acero.

Más adelante, pasé veinte años viajando por todo el mundo como consultor y gerente de ventas. Muchos viajes fueron a Latinoamérica, aunque ninguno de carácter significativo en Centroamérica. Finalmente, manejé varias compañías fabricantes de equipos plásticos y eché a andar dos pequeñas compañías de alta tecnología. Ahora escribo libros.

Mirando hacia atrás, veo que estuve en Nicaragua en el momento culminante de la hegemonía de los Estados Unidos en Latinoamérica. La tecnología, ideas, democracia, liderazgo, escolaridad, y productos americanos eran altamente admirados. El carácter, los modales, y el respeto americano hacia los latinos, no siempre eran admirados. Esta fue la era del feo americano. Noté que ésta dicotomía era algo muy difícil de entender para muchos americanos bien intencionados cuando visitaban Latinoamérica.

A la vez, los Estados Unidos ya no era inevitablemente el gran líder. Rusia hizo incursiones en Latinoamérica, especialmente cuando había una buena oportunidad de

consulting projects. Among the first was to travel to Saudi Arabia to study their nascent iron and steel industry.

Later, I spent twenty years traveling all over the world in consulting and sales management capacities. Many of those were in Latin America although nothing significant in Central America. Finally, I managed several plastics equipment manufacturing companies and started and sold two small high-tech companies. Now I am Writing books.

Looking back, I can see that I was in Nicaragua at the peak of the U.S. hegemony in Latin America. American technology, ideas, democracy, leadership, scholarship, and products were greatly admired. American character, manners, and respect for the Latin people, however, were not always admired. This was the era of the Ugly American. I noticed that this dichotomy was very difficult for many well-meaning Americans to grasp when visiting Latin America.

At the same time, the United States was no longer the foregone great leader. Russia made forays into Latin America, especially where it had a good chance of spreading its Marxist and communist ideologies. On the other hand, I never met any Latin Americans who were particularly fond of the Russian people they met. Meanwhile, Fidel Castro was exporting his Cuban revolutionary ideas with the help most prominently of Che Guevara from Argentina. They did influence the Nicaraguan Sandinista movement and their associated FSLN forces but when and to what extent is controversial.

One very serious consequence of the Sandinista takeover in Nicaragua was that perhaps a majority of the

propagar sus ideologías marxistas y comunistas. Por otra parte, nunca conocí a ningún latinoamericano que simpatizara particularmente con los rusos con quienes tenía contacto. Entretanto, Fidel Castro exportaba sus ideas de la Cuba revolucionaria, con la prominente ayuda del argentino Ché Guevara. Ambos influenciaron el movimiento Sandinista y las fuerzas asociadas del FSLN, pero el cuándo y hasta dónde, son aún controversiales.

Una seria consecuencia de la toma del poder por los Sandinistas en Nicaragua fue que tal vez la mayoría de los gerentes comerciales e industriales con talento, incluyendo la mayoría de los que conocí, dejaron el país, muchos hacia Miami. Tomará muchos años recuperar esos talentos.

Recuerdo que el Presidente Kennedy tuvo un impacto favorable en Latinoamérica por una variedad de razones. Éstas incluyeron una actitud positiva hacia la región, el hecho de ser católico, su esposa Jackie hablaba español, y su creación del Cuerpo de Paz, el cual, sin hacer hincapié en su impacto económico, fue un gran gesto hacia la gente. A pesar de no haber creado la agencia USAID y su relacionada Alianza para el Progreso en programas de desarrollo económico, era una parte importante de su política de buen vecino. Pude ver el impacto de los programas de Kennedy durante mis primeros años en Latinoamérica.

Una gran ventaja para los Estados Unidos era que muchos de los líderes latinoamericanos de los sectores públicos y privados habían sido educados en universidades estadounidenses. Habían recibido una educación sólida, perfeccionado su inglés, que es el idioma más importante para intercambio y diplomacia

talented commercial and industrial managers, including most who I knew, left the country, many to Miami. It will take many years to replace that talent pool.

I recall that President Kennedy made a very favorable impact in Latin America for a variety of reasons. These included his positive attitude towards the region, he was catholic, his wife Jackie spoke Spanish, and his launching of the Peace Corps which, whatever its economic impact, was a great people-to-people gesture. While he didn't create the USAID agency and the related Alliance for Progress economic development program, they were an important part of his good neighbor package. I saw the impact of Kennedy's programs during my early years in Latin America.

A big plus for the United States was that a lot of the public and private sector Latin American leaders were educated in U.S. universities. They received a good solid education, perfected their English, which is the most important language for international trade and diplomacy, made important contacts in U.S. institutions, and generally improved their respect for all that America had to offer. Virtually all Nicaraguan leaders I knew received at least part of their education in the United States.

U.S. corporations, often poster boys for rapacious imperialism—and there are a few notorious cases where that description was true—on the whole, greatly improved the economies where they participated. For about twenty years I traveled all over Latin America from the slums of Mexico City to the jungles of the Amazon while I worked for U.S. companies making medical equipment and plastics machinery. I saw first hand that their equipment

internacionales, habían hecho contactos importantes en instituciones americanas, y en general incrementaron su respeto hacia todo lo que América ofrecía. Prácticamente todos los líderes nicaragüenses que conocí habían recibido cuando menos parte de su educación en los Estados Unidos.

Las corporaciones estadounidenses, a menudo vistas como ejemplos de un imperialismo rapaz — y hay algunos casos notorios en que fue cierto — en su mayor parte mejoraron en gran medida las economías donde quiera que participaban. Por alrededor de veinte años viejé por toda Latinoamérica, desde los tugurios de la Ciudad de México hasta las junglas del Amazonas mientras trabajaba para compañías estadounidenses que fabricaban equipos médicos y maquinaria de plásticos. Pude ver desde cerca que sus equipos y tecnología ayudaron a mucha gente salir de la pobreza e inspiraron a otros a convertirse en ingenieros bien preparados, banqueros, científicos, gerentes, y más.

Además, Latinoamérica, Norteamérica, y el mundo entero ya luchaban con los dilemas de integridad, nacionalismo, y globalismo. Mi amigo Arnoldo Ramírez-Eva se encontraba estresado por esa tensión.

El tráfico de drogas en todas sus formas destruyó mucho del progreso social y económico de Latinoamérica a través de los años. Ya no es seguro caminar por los vecindarios que una vez fueran encantadores, donde se podía pasear después de un agotador día de trabajo. Algunos de mis amigos allegados fueron asesinados. La tela de la moral había sido rasgada.

and technology helped many people get out of poverty and inspired others to become accomplished engineers, bankers, scientists, managers and more.

On top of that, Latin America, North America, and the whole world are struggling with the dilemmas of resolving integrity, nationalism, and globalism. My friend Arnoldo Ramírez-Eva was stressed by that tension.

The drug trade in all its forms destroyed much of the social and economic progress made in Latin America over the years. It is no longer safe to walk in the once-charming neighborhoods where I would wander after a tiring day of business. Some of my close friends were killed. The moral fabric was shredded.

I remember flying to various Latin American cities and when meeting my host I was always greeted with enthusiasm. Somebody from the United States was assumed to be bringing a set of skills, knowledge, and spirit that would be certain to help. As the years went by, the reception was ever more like, "Nice to see you but do you have anything useful to share?" Cordial, but not warm and enthusiastic. Maybe it was just me as I was apparently becoming an old codger.

My heart skips a beat when I relive the thrill of boarding Pan Am flight 515, with its throaty engines revving up, bound for Managua, Nicaragua. I know Bruce, Ana, Amelia, Jorge, and Arnoldo will be there.

Recuerdo haber llegado a viarias ciudades latinoamericanas, y al encontrarme con mis anfitriones siempre era recibido con entusiasmo. Se asumía que alguien proveniente de los Estados Unidos traía destrezas, conocimientos, y el espíritu de quien sin dudas venía a ayudar. Con el paso de los años, el recibimiento era más bien, —Qué bueno verte, pero ¿traes algo útil que compartir? — Cordial, pero nada cálido ni entusiasta. Tal vez era simplemente yo, que aparentemente me estaba volviendo un vejete.

Mi corazón se acelera cuando vuelvo a vivir la emoción de abordar el vuelo 515 de Pan Am, con sus reverberantes motores calentándose, camino a Managua, Nicaragua. Sé que Bruce, Ana, Amelia, Jorge, y Arnoldo estarán allí.

CRONOLOGÍA DE SUCESOS IMPORTANTES

Metasa

(Metales y Estructuras, S.A.)

1959 – Metasa es fundada por Arnoldo Ramírez-Eva y otros

1963 – La compañía japonesa de acero, C. Itoh, se convierte en "socio" de Metasa

1965 – Estudié a Metasa al igual que lo hicieron Arthur D. Little, Inc. y Adela Tech

Los directores eran Luis Somoza (presidente de la junta directiva y líder del país), Arnoldo Ramírez-Eva (gerente general), Donald Spencer (industrialista), y Shinzo Kaiseki (representante de C. Itoh)

1968 – U.S. Steel compra interés de la mayoría de Metasa

1979 – Los sandinistas se apoderan de Nicaragua y Metasa

1990 – Termina el gobierno sandinista en Nicaragua

1999 – Metasa se reorganiza y su nombre cambia a Indenicsa

Arnoldo Ramírez-Eva

(Fundador, gerente general, director, y accionista de Metasa)

Marzo 22, 1927 – Nace Arnoldo Ramírez-Eva

1949 – Se gradúa en Rensselaer Polytechnic Institute como ingeniero civil

TIMELINES

Metasa
(Metales y Estructuras, S.A.)

1959 - Metasa founded by Arnoldo Ramírez-Eva and others
1963 - Japanese steel trading company, C. Itoh, becomes a "partner" of Metasa
1965 - I studied Metasa as did Arthur D. Little, Inc. and Adela Tech
The directors were Luis Somoza (president of the board and ruler of the country), Arnoldo Ramírez-Eva (general manager), Donald Spencer (industrialist), and Shinzo Kaiseki (representing C. Itoh)
1968 - U.S. Steel buys a majority interest in Metasa
1979 - The Sandinistas take over Nicaragua and Metasa
1990 - End of Sandinista rule in Nicaragua
1999 - Metasa reorganized and renamed Indenicsa

Arnoldo Ramírez-Eva
(Founder, general manager, a director, and a shareholder of Metasa)

March 22, 1927 - Arnoldo Ramírez-Eva born
1949 - Graduated from Rensselaer Polytechnic Institute as civil engineer
1949 - Worked for Chicago Bridge and Iron in Venezuela and the Caribbean

1949 - Trabajó para Chicago Bridge and Iron en Venezuela y el Caribe

1950 - Se casa con la venezolana Hilda Figueroa

1959 - Con otros, funda Metasa

1965 - Estudié a Metasa al igual que lo hicieron Arthur D. Little, Inc. y Adela Tech

1966 - Es autor de un informe de la Cámara de Industrias de Nicaragua, sobre cómo mejorar el sector industrial

Alrededor de 1967 - Construye su enorme residencia

Abril 13, 1967 - Luis Somoza muere de un infarto masivo

Mayo 1, 1967 - Anastasio "Tachito" toma la presidencia

Mayo 1, 1967 - Tachito Somoza nombra a Ramírez-Eva Ministro de Economía

Agosto 1968 - U.S. Steel compra interés de la mayoría de Metasa

1968 - El Presidente Somoza lo reemplaza como Ministro de Economía

1968 - Es autor de "Serios problemas en nuestra Economía," Revista Conservadora #92

1979 - Los sandinistas se apoderan de Managua y Metasa

Alrededor de 1979 - Los sandinistas ocupan la casa de Ramírez-Eva

Agosto 1982 - Inicia compañía bancaria con su esposa, Hilda Figueroa, en Panamá

Marzo 1987 - Representa el partido nicaragüense UNO en una conferencia en Costa Rica

1991 - Incorpora Adensa International Consultants y Bolivar International Marketing en Miami

Mayo 19, 1993 - Muere en un accidente aéreo en Colombia

1959 – With others, founded Metasa

1965 – I studied Metasa as did Arthur D. Little, Inc. and Adela Tech

1966 – Authors Nicaragua Chamber of Industries report about improving the industrial sector

About 1967 – Builds his big house

April 13, 1967 – Luis Somoza dies from massive heart attack

May 1, 1967 – Anastasio "Tachito" becomes President

May 1, 1967 – Tachito Somoza names Ramírez-Eva Minister of the Economy

August 1968 – U.S. Steel buys majority interest in Metasa

1968 – Replaced as Minister of the Economy by President Somoza

1968 – Authored "Serious Problems in Our Economy," Revista Conservadora #92

1979 – Sandinistas take over Managua and Metasa

About 1979 - Sandinistas take over Ramírez-Eva's house

August 1982 – Sets up banking company with wife Hilda Figueroa in Panama

March 1987 – Represents Nicaraguan party UNO in a conference in Costa Rica

1991 - Incorporates Adensa International Consultants and Bolivar International Marketing in Miami

May 19, 1993 - Dies in plane crash in Colombia

Reconocimientos

Quiero expresar mi agradecimiento a Bruce Cuthbertson, quien me ayudó en mis comienzos en Nicaragua y fue instrumental en mis investigaciones para el libro. Leonardo "Nayo" Somarriba en Nicaragua, quien fue una figura importante en la industria y el gobierno de Nicaragua a través de los años, quien revisó el manuscrito y ofreció sugerencias importantes. José Mejía Lacayo, un nicaragüense que ha estudiado la industria de estructuras de acero allí, y quien fuera gran ayuda. Teresa Bevin realizó un buen trabajo como traductora profesional y editora de mi manuscrito en inglés. Tuve la fortuna de encontrar a León A. DeBayle, quien hoy es un banquero en Miami, y quien tuvo mi trabajo en CNI un año después de haberme ido, y me ayudó a llenar vacíos sobre CNI y Arnoldo Ramírez-Eva más tarde en los años 60.

Acknowledgements

I would like to thank Bruce Cuthbertson who started me in Nicaragua and who was a great help in my book research. Leonardo "Nayo" Somarriba in Nicaragua, who was an important figure in Nicaraguan industry and government over the years, reviewed the manuscript and offered important suggestions. José Mejía Lacayo, a Nicaraguan who has studied the steel structures industry there, was a great help. Teresa Bevin did a great job as a professional translator and editor of my English manuscript. I was fortunate to find León A. DeBayle, now a banker in Miami, who had my job at CNI a year after I left, to help fill in the gaps about CNI and Arnoldo Ramírez-Eva later in the '60s.

Sobre el autor

Larry Kilham ha viajado de modo extensivo en Latinoamérica por más de veinte años. Trabajó con varias grandes compañías internacionales e inició y luego vendió dos empresas de alta tecnología. Recibió un bachillerato superior en ingeniería de la Universidad de Colorado y una maestría en gerencia empresarial de MIT. Larry ha escrito libros sobre creatividad e invenciones, inteligencia artificial y medios digitales, y tres novelas con temas de inteligencia artificial. Su sitio web es www.futurebooks.info y da la bienvenida a comentarios por parte de sus lectores en lkilham@gmail.com.

ABOUT THE AUTHOR

Larry Kilham has traveled extensively in Latin America for over twenty years. He worked in several large international companies and started and sold two high-tech ventures. He received a B.S. in engineering from the University of Colorado and a M.S. in management from MIT. Larry has written books about creativity and invention, artificial intelligence and digital media, and three novels with an AI theme. His book website is www.futurebooks.info and he looks forward to hearing from readers at lkilham@gmail.com.

Made in the USA
San Bernardino, CA
02 September 2017